Wein und Zeit

Mario Scheuermann

Wein und Zeit

Von der Kultur des Genießens

HamppVerlag

Für Réka, Béla und András

Simon Réka, meiner Frau, als Dank für die vielen Stunden und Tage, die sie auf mich verzichten muss, weil ich mich mal wieder auf einer Exkursion befinde oder nächtens über Formulierungen brüte.

Hamvas Béla, dessen spät entdeckter „Philosophie des Weins“ ich den neuen Spaß am Schreiben verdanke.

Schiff András, dessen Interpretation der Goldberg-Variationen von Johann Sebastian Bach mich während der Überarbeitung der Kapitel begleitete und die immer wieder die Gedanken geklärt hat.

Dank auch an Gero von Randow und Anne von Blomberg für ihre vielen Anregungen und ihre tatkräftige Mithilfe beim Entfernen überflüssiger Worte.

… und eine Verbeugung vor Martin Heidegger für die Idee zum Titel

Le vin c'est le temps; parsque le temps fait le vin.
Wein ist Zeit; denn die Zeit macht den Wein.

Jean-Marc Maugey

Anhang

Weinselige Zeitreise

Drei Jahrhunderte auf dem Planeten Yquem

In trockenen Zahlen: Wir haben kürzlich 125 Weine des Château d'Yquem aus Sauternes getrunken; es handelte sich um Weine aus drei Jahrhunderten, der älteste stammte aus dem Jahr 1784, der jüngste war ein 1991er.

Was soll das? Wieso macht jemand so etwas? Und welches Fieber, bitte schön, verleitet ansonsten in ihren wirtschaftlichen Belangen vernünftig entscheidende Menschen, für eine Bouteille alten Weines, den Normalverbraucher kopfschüttelnd als nicht mehr genießbar abtun, Hunderttausende von Mark auszugeben?

Hier kommt der Versuch einer Antwort: Solche Flüssigkeiten sind etwas Ähnliches wie die Wurmlöcher[1] der Astrophysik. Durch sie können sich phantasiebegabte Weinfexe auf eine Zeitreise begeben. Und ganz im Gegensatz zu jenen bislang nur mathematisch postulierten Gebilden der Kosmologen sind alte Weine in zauberhafter Weise real vorhanden. Der Inhalt solcher Flaschen erlaubt uns Heutigen, sinnlichen Kontakt mit der Vergangenheit aufzunehmen, sie uns einzuverleiben, Schluck für Schluck.

Im Gegensatz zu Lenin, Ötzi, Ramses und anderen Mumien, die wir im Museum oder im Mausoleum besichtigen können, ist Wein aber ein lebendig Ding. Da ist noch Geist in der Flasche, glucksend, veränderlich, flüchtig. Und was für eine Vorstellung: etwas zu schmecken, was zu anderer Zeit mit gleicher Freude vielleicht Mozart und Marie Antoinette, Thomas Jefferson, Napoleon, Bismarck, Churchill, Hermann Göring oder Ernst Jünger getrunken haben könnten und wahrscheinlich sogar getrunken haben.

Die Freude an gereiften Weinen ist ihrerseits ein altes Phänomen. Von Horaz ist verbürgt, dass er sich dieses Vergnügen gönnte. „23er gibt es zum Trinken", heißt es in einer Einladung zu einem Festmahl aus Anlass des Geburtstages von Kaiser Augustus am 23. September 20 vor Christus, und seiner Freundin, der Sängerin Phyllis, versprach er „albanischen Wein, der schon im zehnten Jahr im Gewölbe lagert". Von Cäsar wissen wir, dass er vor allem den 121er Opimianer besonders schätzte. Und beim Gastmahl des Trimalchio[2] wurde „Hundertjähriger Falerner" kredenzt.

Aber zum Kultgegenstand wurden alte Weine erst in unserer Zeit. Weinproben werden wie ein Hochamt zelebriert – Religion und Wein, noch so ein unendliches Weinthema, älter als das Abendmahl. Denken wir an die Epiphanien des Dionysos[3] oder den Kult des Osiris. In ihnen wird der Rausch als Übergang in eine andere Welt verstanden. Völlig zu Recht natürlich.

Normalerweise nimmt eine Raritätenprobe ein paar Stunden in Anspruch, wenn's hart kommt, einen ganzen Tag. Nicht so in dem Fall, von dem hier berichtet wird. Der Weinsammler Hardy Rodenstock lud zu einer einwöchigen Klausur ins feine Münchner Hotel „Königshof". Durch schallschluckende Fenster vom Getöse des verkehrsreichen Stachus abgeschirmt widmete sich eine internationale Gemeinde volle sieben Tage lang allmorgendlich Glock' elf dem Studium der Weine des Château d'Yquem.

Aus dem 20. Jahrhundert war jeder bislang vom Château produzierte und veröffentlichte Jahrgang dabei. Aus dem 19. Jahrhundert alle Jahrgänge, die in der Literatur – vor allem in der Bordeaux-Bibel Cocks-Féret – mindestens als „gut" beschrieben werden. Schließlich aus dem 18. Jahrhundert die ersten beiden schriftlich dokumentierten großen Jahrgänge, zugleich auch die letzten verbliebenen authentischen Yquem-Weine jener Zeit; ältere Jahrgänge gibt es zwar, aber diese sind nicht mehr eindeutig zu datieren.

Eins steht fest: Eine Probe wie diese kann es nie wieder geben.

Fast 20 Jahre hatte Rodenstock recherchiert und gesammelt, um diese Kollektion zusammenzutragen. Ihr Wert? Schwer zu schätzen. Die Preise der einzelnen Flaschen lassen sich zwar in Auktionskatalogen nachschlagen. Aber der Wert der ganzen Kollektion in ihrer Einmaligkeit ist nicht zu ermessen. Und sie ist ja nun auch nicht mehr da.

Anstatt die Sammlung gewinnbringend zu versteigern, lud der Weinmogul generös die Fachwelt zur Verkostung. Das Fazit – nichts weniger als eine Bestätigung hergebrachten Wissens (freilich: wo gibt es so etwas heutzutage noch?) – ist mit wenigen Worten gezogen: Yquem ist einer der besten Weine der Welt!

Nicht nur weil das Château in guten Jahren Weine von unvergleichlich komplexer Konzentration und höchstem aromatischem Raffinement erzeugt, die 200 Jahre und älter werden können, ohne zu verblassen. Die wahre Qualität von Yquem zeigt sich eben darin, dass es auch in schwachen oder gar schlechten Jahren immer wieder überraschend großartige Weine hervorbringt wie zum Beispiel 1932 oder 1918.

Oder 1868: In der Literatur wird das Jahr als „gewöhnlich" beschrieben, aber was für ein ungewöhnlicher Wein ist daraus im Verlauf von über 130 Jahren geworden. Ein zeitloses Mysteriosum. Ein Wein wie aus dem Märchen. Goldgelb funkelt er im Glas, ewige Jugend, verhaltene Honigsüße, ein Geschmack von dunkler Brotrinde – eine 30 Jahre alte Riesling-Auslese aus der Pfalz oder ein Rieslaner aus Franken kommt einem in den Sinn.

Yquems zeigen erstaunlichen Artenreichtum. In der Regel sind sie süß und von der Edelfäule Botrytis geprägt, so soll es schließlich sein; denn das ist der Stil der Sauternes-Weine. Aber nicht mal darauf ist Verlass. Der 1864er beispielsweise schmeckte rein trocken. Angesichts seiner hellen Farbe, seiner erdig-mineralischen Tönung hätte man ihn blind in anderer Umgebung für einen betagten Montrachet aus Burgund halten können.

Nein, keine Sorge, nun soll nicht von sämtlichen Weinen jener seligen Woche berichtet werden, die drei Jahrhunderte dauerte. Aber einiges ist eben doch mitteilenswert. Beginnen wir mit den beiden ältesten der verkosteten Jahrgänge.

Auf den ersten Blick erscheint 1784 als ein eher unspektakuläres Jahr am Vorabend der großen französischen Revolution. Es ist das Jahr der Salons, der Cafés, der Clubs und Logen in Paris, in denen liberale Adlige, Kleriker und Bürger wie La Fayette, Mirabeau, Talleyrand das Utopia einer bürgerlichen Gesellschaft entwerfen. Und auf der anderen Seite des Rheins? – Friedrich Hölderlin besucht die Klosterschule in Denkendorf, Beethoven wird Organist am Hof in Bonn. Und es ist das Jahr, in dem der junge Louis Cômte Amédée de Lur Saluces seine Françoise Joséphine kennenlernt, die er ein Jahr später heiratet. Sie ist die letzte Erbin der Familie Sauvage d'Yquem, der das im 12. Jahrhundert als Festung erbaute Château seit gut 300 Jahren gehört. Der junge Reiteroberst stürzt wenig später bei einem Manöver vom Pferd und stirbt. Diesen Wein hat er möglicherweise nie verkostet.

„Bedenken Sie, meine Herrn", so wird Sir Winston Churchill zitiert, „als dieser Wein geerntet wurde, war Marie Antoinette noch am Leben." Der heutige Herr auf Château d'Yquem, Cômte Alexandre de Lur Saluces, brachte bei einer Verkostung einer anderen Flasche des 1784ers vor einigen Jahren den Toast aus: „Diese Flasche hätte von Mozart getrunken werden können."

Wurde sie aber nicht.

Für die Weingeschichte sind die beiden Flaschen aus den Jahren 1784 und 1787 ganz besondere Trouvaillen. Handelt es sich doch um zwei der sogenannten „Jefferson Bottles", um deren Echtheit lange gestritten wurde, ehe die Wissenschaftler eines Schweizer Labors 1994 nach einer Radiokarbon-Untersuchung endgültig befanden, dass „die ermittelten Alter des Weins und des dazugehörigen Korkens innerhalb der Messfehler übereinstimmen".

Thomas Jefferson, als amerikanischer Gesandter in Paris, lernte die Weine während einer Exkursion nach Bordeaux kennen und schätzen. In einem Brief an den Cômte de Lur Saluces schrieb er am 6. September 1790: „The white wine of Sauterne, of your cru, that you have been kind enough to send me in Paris early in 1788, has been so well accepted by Americans [in France] who know good wines that I am sure that now I am back in the United States my country-men here will admire them. Our President, General Washington, would like to try a sample."

Wir auch. Und? Wie schmeckte dieser Wein? Nur ein Deziliter, eingeschenkt in einen großen Riedel Pokal, das würde wohl kein anderer Wein dieses Alters überstehen. Doch der 1787er Yquem führte uns durch ein genussvolles Labyrinth von Düften: schwarzer Tee, dunkle Röstaromen, Kräuterlikör, Karamell und Kandiszucker, Rosinen. Am Gaumen ein dichter, konzentrierter Saft ohne Oxydation. Mehr als 200 Jahre – ein Faszinosum.

Nun gleich noch den 1811er. Das berühmte Kometenjahr[4]. Goethes im „West-östlichen Diwan“ gepriesener „Eilfer“. Napoleon auf dem Höhepunkt seiner Macht. Aber auch kurz vor dem Untergang seiner Grande Armée im russischen Frost. Vorbei – aber dies hier ist Gegenwart: Nougat und Mocca, dazu etwas Himbeergeist und Brandy, Puderzucker, Ingwer.

1814: Stephenson konstruiert die erste Dampflokomotive. Am 6. April dankt Napoleon als Kaiser der Franzosen ab. Arthur Schopenhauer beginnt mit der Abfassung von „Die Welt als Wille und Vorstellung“. Bayern hebt die Bestrafung von Hexen auf. Und für uns bleibt dies übrig: im Glas ein helles Braun mit grün-gelblichem Lehmrand. Orange-rote Reflexe. Eine wunderbare Nase: Orangenschale, Grand-Marnier-Likör, Kokos, Torrone. Enorme Komplexität. Perfekte Konzentration. Lang und saftig, perfekt in seiner Balance. Gebäck und Mandel, Kandiszucker. Ein Mirakel an Frische und Geheimnis. Ein Mata-Hari-Wein.

Nun 1861: ein wundersames Konzentrat. Tiefschwarze Farbe. Beim Riechen entsteht im ersten

Moment eine unangemessene Assoziation – Afri-Cola ohne Zucker. Dann spürt man am Gaumen ein elixierhaftes Kräuterkonzentrat, extrem dickflüssig, ölig, wie ein Chutney. Es war der süßeste Wein der Probe.

Wenn es für mich einen Lieblingswein gibt, dann ist es der 1869er mit seinem betörenden Duft nach Himbeersahne und Vanilleeis, mit seiner fruchtig-verspielten Säure – und steigern wir uns getrost weiter im Weinvokabular; denn wo dürfen wir es verwenden, wenn nicht hier: ein Traumwein, geschmeidig, elegant, von höchster Vollendung und Finesse.

Zwei, drei Korkschmecker gab es auch in dieser Woche, erstaunlich wenig. Überdies waren einige Weine letztlich doch an der Zeit zerbrochen. Aber was zählt das schon.

In einem Punkt unterscheiden sich die Weine des 18. und 19. Jahrhunderts von denen aus unseren Tagen. Vor der Reblauskatastrophe, die in den 70er Jahren des 19. Jahrhunderts auch die Rebgärten von Yquem verwüstete, dürfte der Rebsortenspiegel ein anderer gewesen sein. Einige Autoren vermuten, der Sauvignon-Anteil sei höher gewesen. Rodenstock glaubt eher an einen möglichen Anteil von Muscadelle, der auch Sauvignon vert genannt wird. Beides ist möglich, der Kontinuität und Qualität hat dies letztlich keinen

Abbruch getan. Allenfalls tauchen die starken Vanille- und Karamelltöne heute nicht mehr so häufig und konzentriert in den Weinen auf wie damals.

Und da war dann noch, peinlich, peinlich, die sogenannte Kryoextraktion, ein kältetechnisches Verfahren zur Konzentration des Mostes, mit dem der heutige Cômte de Lur Saluces in den 1980er Jahren versucht hat, eine Art Eiswein zu produzieren. Ob es sich dabei um ein Sakrileg oder einfach nur um eine pfiffige Idee handelte, darüber dürfen die Weintheologen streiten. Schmeckbare Unterschiede konnte ich jedenfalls nicht erkennen.

Im direkten Vergleich von Jahrgangspärchen aus dem 19. und 20. Jahrhundert – wann hat man mal eine solche Möglichkeit? – schnitt in der Regel der 100 Jahre ältere Wein besser ab. Die großen Yquem-Weine des 20. Jahrhunderts lassen sich an den Fingern zweier Hände abzählen: 1921, 1928, 1929, 1937, 1945, 1947, 1959, 1967, 1985.

Die beiden Jüngsten aus den 1960er und 1980er Jahren sind noch lange nicht zum Trinken geeignet. Allenfalls ein großes Versprechen. Der 1967er zeigt vielleicht ein Drittel seiner Möglichkeiten. Der 1985er überzeugt zwar durch seine massive Konzentration, aber Freude bereitet er kaum. Andererseits sind beide

Weine gut dotierte Wechsel auf die Zukunft, die man ohne Furcht vor Inflation unterschreiben kann.

Der 1945er ist ein Monument und auch der 1921er zählt zu den großen Weinlegenden, aber ganz persönlich hat mich dann doch der 1947er am meisten berührt. Beim Genuss stellte sich ganz unvermittelt ein Proust'sches Erlebnis ein, wie es wohl alle Menschen kennen: Ein Duft oder ein Geschmack stimuliert schlagartig die Erinnerung an eine bestimmte Situation, ein Essen, ein Gefühl, ein Bild – und das in voller Lebendigkeit. Eine Reise durch die Zeit.

Vor diesem Wein versank für einige Augenblicke die reale Welt, und ich fühlte mich um Jahre und Hunderte von Kilometern versetzt. Da war ein sehr spätes Frühstück im Café des Wiener Hotel „Imperial" am Opernring mit Salzstangerl und Aprikosenmarmelade, einem großen Braunen, das Gespräch mit einem schon morgens Havanna rauchenden Kollegen, und da waren auch noch Nussschnitten und Sahnehäubchen.

(1998)

WAS WERDEN WIR TRINKEN?

Spekulationen über die Weine der Zukunft

Das 20. Jahrhundert hat viele große Weine hervorgebracht. Vielleicht mehr als jedes Jahrhundert zuvor. Wollten wir aus dieser Fülle einen Wein auswählen, der so etwas wie die Konklusion dieses Jahrhunderts darstellen sollte, dann müssten wir uns wohl für jenen Champagner entscheiden, den Moët et Chandon im September 1999 als „Esprit du Siècle“ lanciert hat.

Sonderabfüllungen für die falsche Jahrtausendwende, die Silvesterfeier 1999/2000, haben viele gemacht. Aber diese ist besonders kostbar. Für die Cuvée wurden Weine aus den elf außergewöhnlichsten Champagner-Jahren des Jahrhunderts verwandt und durch Zugabe von Hefe zu einer dritten Fermentierung stimuliert: 1900, 1914, 1921, 1934, 1943, 1952, 1962,

1976, 1983, 1985 und 1995. Nur diese eine Kellerei, aus der auch der beliebte Dom Pérignon stammt, verfügt heute noch über eine ausreichende Menge alter und perfekt gelagerter Bestände, um einen solch einmaligen Champagner herstellen zu können. Hier ruhen, sorgsam gehütet, 63 Jahrgänge – bis in das Jahr 1842 zurück. Leider werden wir keine der 323 Magnumflaschen des „Esprit du Siècle" je regulär kaufen können. Ein Teil der Flaschen wurde für das 300-jährige Firmenjubiläum des Champagnerhauses im Jahre 2043 versiegelt; nur einige wenige werden in den nächsten Jahren für Auktionen, deren Erlös wohltätigen Zwecken zufließt, freigegeben. Mindestgebot: 20 000 Euro.

„Was wird man in 100 Jahren trinken?" – ein Freund stellte mir kürzlich unvermittelt diese Frage. Die Antwort: „Ich weiß es nicht." Sie hätte auch „Bordeaux, Burgunder, Rieslinge, Tokajer" lauten können – dann wäre die Zukunft die Verlängerung der Vergangenheit. Kann ja sein. Gleichwohl die Frage blieb der Leitfaden dieses Abends. Denn die Geschichte knickt gelegentlich ab und nimmt eine andere Richtung. „Vielleicht ist bis dahin der fundamentalistische Islam zur weltbeherrschenden Religionsdiktatur aufgestiegen und hat die westliche Konsumgesellschaft in unheiliger Allianz mit den Gesundheitsaposteln trockengelegt“, meinte ich eine Flasche schweren spanischen Rotweins später. Vor meinem geistigen Auge sah ich ein Häuflein überlebender Rebellen, wie sie sich vor den bärtigen Gotteskriegern in den Ruinen des Kölner Doms verschanzen, bereit zum letzten Abendmahl. Mit Eiswein.

Doch sollte die alkoholfeindliche Variante des Islam zu den Verlierern des kommenden Jahrhunderts zählen, dann werden wir womöglich die Wiedergeburt uralter Weinlandschaften erleben, die heute durch muslimische Restriktionen vernichtet oder zur Tafeltraubenproduktion degradiert worden sind: Syrien, Libanon, Persien, die Oasen Mittelasiens. Die Seidenstraße war auch eine der frühen Weinstraßen der Welt.

Dann erwacht vielleicht auch wieder der versöhnende, kosmopolitische Geist des Schems al Muhammed, genannt Hafis, jenes 1320 in Schiraz geborenen persischen Dichters, der wünschte, in einem Fass voll Wein begraben zu werden. Er galt zu seiner Zeit als der größte Kenner des Korans und des islamischen Rechts. Sein Name bedeutet übertragen so viel wie „der Gedächtnisstarke, der Bewahrer, der den Koran auswendig kennt“. Sein berühmtestes Gedicht heißt „An den Wein“:

Wie eine Braut so duftig, und so feurig
Wie meine Leidenschaft: so glänzt du aus
Dem Becher mir entgegen, süßer Wein.

Wie eine Braut will ich dich schmeichelnd lieben,
wie meine Leidenschaft sollst du verströmen,
Verströmend tief in mein Gemüt hinein.

Darauf will ich lallend Verse niederschreiben
Voll Phantasie –, nur dir geweihte Verse,
Darin will ich dir alles wiedergeben,
Was du an tiefster Seligkeit mir gabst!

Was auf Arabisch vermutlich besser klingt.

Könnte sich diese sinnenfrohe Variante des alten Islam durchsetzen, dann wäre eine furchtfreie, fruchtbringende Koexistenz möglich wie zu Zeiten des Staufers Friedrich II. in Sizilien. Es waren arabische Wissenschaftler, die damals die Kunst, den Alkohol zu destillieren, bis nach Europa verbreiteten. Es heißt, sie hätten ihn nur zu medizinischen Zwecken genutzt. Wollen wir das glauben?

Medizin kann, wie wir alle wissen, teuer sein. Der Sultan von Brunei ließ 1988 bei Christie's in London eine 1,94 Liter fassende, sogenannte Tappit-Hen-Flasche[5] des 1811er Château Lafite ersteigern, für hunderttausend Mark. Genuss oder bittere Medizin? Ich durfte einmal die letzte bekannte Schwesterflasche aus dem Keller des Weinsammlers Hardy Rodenstock mitverkosten: ein Wein von delikater Finesse, 183 Jahre alt und kein bisschen müde ...

In Zukunft also, wenn alles gut geht, genießen wir auch arabische Weine. Heute sind diese untrinkbar – mit Ausnahmen. Immerhin besitzt ein Land wie der Libanon mit Château Musar, mit den Domänen Kefraya und Ksara in der Bekaa-Ebene ein beachtliches Potenzial. Diese Region bietet alle Möglichkeiten für große Weine, wenn dort jemals wieder Friede einkehren sollte.

So viel zur Religion. Ihre Schwester, die Wissenschaft, wird vielleicht viel mehr verändern.

Wissenschaftler haben begonnen, sich gentechnisch auch mit der Rebe zu beschäftigen. Das weckt Ängste. Doch es werden noch viele Jahre vergehen, ehe hierzulande ein kommerzieller Wein aus Trauben gekeltert wird, die von gentechnisch manipulierten Reben stammen – wenn überhaupt. Die Rebe ist eine hochsensible Pflanze, die nur in eng definierten Klimazonen gedeiht und für allerlei Mikroorganismen, Klimaeinflüsse und tierische Schädlinge anfällig ist. Bislang ist es auf herkömmliche Weise, also durch Kreuzungen, nicht gelungen, wirklich resistente Reben zu züchten. Allen Beteuerungen der Ökolobby zum Trotz erweisen sich auch Sorten wie Regent als gegen Echten und Falschen Mehltau anfällig. Von der Gentechnik erhofft man sich nun Reben mit verbesserter Resistenz und somit stabileren Erträgen – und vielleicht die Möglichkeit, auch in entlegenen Weltgegenden Wein zu produzieren, in denen er heute noch nicht gedeihen kann, weil das Klima entweder zu kalt oder zu feuchtwarm ist.

Aber das Klima wandelt sich.

Der Expertenstreit, ob wir es nun mit einer menschengemachten Verschiebung des Weltklimas oder nur mit einer vorübergehenden Klimaschwankung zu tun haben, wird wohl noch einige Zeit anhalten. Für Winzer überall in Europa ist *global warming* jedoch längst zur Realität geworden: Im Süden Spaniens und in Teilen Australiens bedroht Wassermangel oder Wüstenbildung weite Rebflächen und damit die Existenz der Weinbauern. Durch das relativ späte Einsetzen der auch insgesamt milderen Winter hat sich dagegen in Mitteleuropa die Vegetationsperiode für die Weinstöcke um zwei bis drei Wochen verlängert.

Mit dem 1998er bescherte die Natur den deutschen Winzern immerhin bereits den elften erfreulichen Jahrgang in Folge. Eine solche Häufung von qualitativ guten bis sehr guten und auch ertragreichen, teilweise überreichlichen Jahren gab es in der Weingeschichte Mitteleuropas noch nie. Seit dem Beginn der verlässlichen, weil beinahe lückenlosen Aufzeichnungen in den Herbstbüchern und Stadtchroniken des 14. und 15. Jahrhunderts ist in Deutschland nur einmal eine ununterbrochene Folge von sechs guten Weinjahren überliefert, und zwar von 1746 bis 1751, und nur einmal – nämlich von 1534 bis 1541 – gab es sogar acht gute Jahre in Folge, darunter auch das Jahr 1540, das den Meteorologen heute als Referenzjahr für Hitze und Dürre gilt.

Es brachte den legendären „Jahrtausendwein" hervor, über den die Chronisten damals notierten: „Der allerrareste und kostbarste Wein in diesem Seculo. War ein Haupt Wein gewachsen, dergleichen man wenig gehabt. Der Sommer war so heiß, daß alles vor Hitz hätte verschmachten müssen, zumal es in 17 Wochen keinen ‚Grunregen' getan, wenn nicht durch sonderbare Güte Gottes alle Tage ein starker Wasser Tau gefallen, daß die Früchte auf dem Felde dadurch erquicket und befeuchtet worden wären. Der Wein war so köstlich und stark an allen Orten, daß man bei Menschen Gedenken dergleichen nicht gehabt hat." (C. C. Häulen)

„Der Rhein war an mehreren Orten so klein, das man mit einem Pferde durch Reiten konnt.“ (Alban Haas).

Kein anderer Wein der Neuzeit hat so lange „überlebt“ wie der Würzburger Steinwein[6] aus diesem Jahr. Eine letzte Flasche davon liegt noch heute wohl behütet in der Schatzkammer des Bürgerspitals in Würzburg. Anlässlich der Verkostung einer zweiten Flasche im Jahr 1961 notierte der englische Weinbuchautor Hugh Johnson: „Die vielleicht älteste Flasche Wein, die je (mit Genuss) getrunken wurde [...] der 1540er Würzburger Stein war noch lebendig. Nichts hatte mir bis dahin so klar vor Augen geführt, dass Wein wahrhaftig ein lebendiger Organismus ist; denn diese braune madeiraähnliche Flüssigkeit vor mir hielt noch immer die aktiven Lebenselemente in sich fest, die sie von der Sonne jenes längst vergangenen Sommers in sich aufgenommen hatte.“

Im Bordelais galt über Jahrhunderte die Faustregel: Gute und sehr gute Jahre treten meist allein oder paarweise auf wie zum Beispiel 1899/1900 oder 1928/29. Größere Häufungen kommen kaum vor, allenfalls 1870 bis 1875 und 1945 bis 1949. In den 1980er Jahren trat eine verblüffende Änderung ein: Mit 1981, 1982, 1983 gab es zunächst drei gute Jahre hintereinander, gefolgt vom schwachen 1984er; dann die

Folge von fünf Spitzenjahren 1985, 1986, 1988, 1989, 1990, nur unterbrochen durch das schwächere Jahr 1987, das aber so schlecht nun auch wieder nicht war. In den 1990er Jahren dann nach den zwei wirklich schwachen Jahren 1991 und 1992 die Folge von sechs guten Jahren 1993, 1994, 1995, 1996, 1997 und 1998. Vierzehn gute bis überragende Jahrgänge in nur 18 Jahren. Und nach der Jahrtausendwende folgten mit 2003 und 2005 zwei Jahre, wie es sie seit Menschengedenken nicht gegeben hat.

Die nördliche Anbaugrenze des Cabernet Sauvignon, einer der Hauptrebsorten der Rotweine aus Bordeaux, hat sich in den letzten 20 Jahren um gut 800 Kilometer vom 45. bis nahe an den 50. Breitengrad verlagert. Auch die Schwestersorte Merlot, sonst außerhalb von Bordeaux nur für Norditalien typisch, hat die Alpen übersprungen und taucht häufiger im Burgenland und in Niederösterreich auf. Auch in Deutschland gibt es erste erfolgreiche Anpflanzungen.

Ein 1989 erstmals in der englischen Fachzeitschrift „Decanter“ veröffentlichtes Zukunftsszenario zeigt für das nächste Jahrtausend eine verblüffend andere Weingeographie. Danach fänden dann Rebsorten des italienischen Piemont wie Nebbiolo in der Gegend der französischen Stadt Bordeaux ihre idealen Klimabedingungen, während die Winzer aus Pauillac und Pomerol an die untere Loire ziehen müssten. Burgund würde sich nach dem Elsass und Baden verlagern und die Côte Rôtie in den Norden Frankreichs. Die besten Rieslinge kämen dann vermutlich nicht mehr aus dem Rheingau, sondern aus dem niederrheinischen Siebengebirge oder von den sanften Hügeln Südenglands. Die nördliche Weinbaugrenze würde sich auf eine Linie von Liverpool übers dänische Jütland bis ins baltische Riga verschieben – wo sie sich im 15. Jahrhundert schon einmal befand. Und wann gibt es Wein aus Grönland? Das mag noch dauern.

Doch eins ist gewiss: Der weltweite Weinsee wird im 21. Jahrhundert größer sein als je zuvor. Australien und Kalifornien sind die großen Newcomer der letzten Jahrzehnte des 20. Jahrhunderts, quantitativ und qualitativ. Dieser Boom dürfte sich fortsetzen. Man wird mithin australisch und kalifornisch trinken. Der „Rubicon" des Hollywood-Regisseurs und Napa-Winzers Francis Ford-Coppola, „Martha's Vineyard" von Joe Heitz, aber auch der „Dominus" – alles Kalifornier, die bereits heute in die Liga der besten Weine der Welt gehören.

Andere neue Weine, von Chile über Südafrika bis Neuseeland, werden zur Zeit meist überschätzt, wie im

Übrigen auch manche klangvollen Namen aus Europa. Horrende Preise müssen dafür bezahlt werden, und es geht um Prestige und Image, weniger um Qualität. Um nicht falsch verstanden zu werden: Ich denke hier nicht an die Bordeaux-Aufsteiger der 80er und 90er Jahre, sondern eher an Modernisten in Burgund und Piemont sowie einige *Super-Toskaner*[7]. Also das, was man heute etwas leichtfertig „Kultweine" nennt. Sie kommen und gehen mit der Saison, jedenfalls die meisten. *Operettenweine* wäre das treffendere Wort.

Wirklich großen Weinen ist etwas anderes zu eigen, etwas, das sich letztlich der Bewertung entzieht: Man kann sie nicht ernsthaft mit Punkten oder Sternen oder womit auch immer bewerten. Es herrscht um diese Weine eine Aura, in der Geschichte und Legende mitwirken. „Ein großer Wein", sagt der Wachauer Parade-Winzer Franz Xaver Pichler, „ist in jedem Stadium der Entwicklung anders, aber er ist immer groß."

Ob zum Beispiel ein Le Pin aus dem Pomerol wirklich in die erste Reihe gehört, muss sich erst noch weisen; andere hochspekulative Newcomer wie La Gomerie, Rol Valentin oder La Mondotte sind noch zu jung, als dass man etwas Endgültiges über sie sagen könnte. *Cru de Garage*[8] nennen die saturierten Schlossherren auf der linken Seite der Gironde solche Miniatur-

Weingüter, deren „Château“ nur aus einem winzigen Wohn- oder Wirtschaftshaus besteht.

Aber es gibt Beispiele, dass auch aus Hühnerställen Weine kommen können, die zu den köstlichsten zählen. Gleichberechtigt stehen sie neben dem 1900er Margaux, dem 1945er Mouton oder dem 1947er Cheval blanc – um die drei Rotwein-Ikonen des 20. Jahrhunderts zu nennen: Eines dieser Mysterien mit kleiner Herkunft heißt Château Lafleur in Pomerol. Ganze fünf Fenster, drei Dachluken und eine Tür schmücken die schlichte Fassade des Hauptgebäudes von Lafleur. Der Weinkeller diente in früheren Jahren den Besitzerinnen, zwei liebenswürdigen älteren Damen, als Stall für Haus- und Hoftiere. Und doch, seit Jahrzehnten nennen Kenner diesen Wein (vor allem die Jahrgänge 1945, 1947, 1949 und 1950) in einem Atemzug mit Château Pétrus.

Indess, keine Ahnung, ob man solche Weine in hundert Jahren noch trinken wird. Aber vielleicht diesen: Seit einigen Jahren macht James Vuletic mit seinem roten „Providence“ Furore. Im äußersten Norden Neuseelands produziert der Winzer auf einem winzigen grünen Fleckchen Erde in maritim ausgeglichenen Klima Weine, die sich an den besten Gewächsen von Saint-Emilion orientieren. Seine „Private Reserve“

setzte sich mehrfach in Blindproben gegen erstklassige europäische Konkurrenz durch. Es ist das erste Mal, dass ein neuseeländischer Wein so etwas wie einen Kultstatus erhält, der sich auch im Preis ausdrückt. Wenn es dabei bliebe, wäre auch in einer künftigen Weinwelt Bordeaux das Maß aller Dinge.

Ebenso gibt es in Chile hoch gehandelte Rotweine im Bordelaiser Stil, überzeugt haben sie mich jedoch bis jetzt fast alle nicht. Mehr und mehr bemühen sich aber überseeische Produzenten um Weine mit einer eigenständigen Identität und setzten dabei auf autochthone oder halb vergessene alte Europäersorten wie die Carmenère in Chile, die Tannat in Uruguay, Petit Verdot in Südafrika oder in Argentinien die Malbec-Traube. Vor allem dort erschließen derzeit europäische Winzer und Kellermeister ein Qualitätspotenzial, das uns in den nächsten Jahren noch in Erstaunen versetzen dürfte.

In Südafrika, dessen süße Muscatweine aus Constantia im 17. und 18. Jahrhundert zu den gefragtesten Gewächsen der Welt gezählt wurden – und sie sind zum Teil noch heute trinkbar! – hat ein Umdenken begonnen. Spätestens seit es auch in diesem Land mehr und mehr Joint Ventures mit französischen, deutschen und schweizerische Experten beziehungsweise Investoren gibt: Namen wie Bouchard-Finlayson, Saxenburg, Dornier, oder Zwalu, das Gemeinschaftprojekt von Neil Ellis aus Stellenbosch und Werner Näkel von der Ahr.

Sie werden aber wohl alle von einem Wein übertroffen werden, der zur Jahrtausendwende seine Premiere erlebte: Mont du Toît. Dieses Lowtech-Weingut mit dem ersten gemauerten Gewölbekeller Südafrikas liegt in der Region Wellington östlich von Paarl und wurde 1997 von Stephan du Toît, Anwalt am obersten Gerichtshof in Johannesburg, gegründet. Er stammt aus einer alten Hugenottenfamilie und lässt sich von Bernhard Breuer aus Rüdesheim im Rheingau und Bernd Philippi aus Kallstadt in der Pfalz beraten – und die gehören zur Elite der deutschen Weinmacher.

Die drei versuchen, einen neuen, eigenständigen südafrikanischen Stil zu finden. Der komplexe Rebsortenspiegel erinnert ein wenig an Südfrankreich: Cabernet Sauvignon, Cabernet Franc, Merlot, Syrah, Mourvèdre, Malbec und Alicante Bouché. Produziert wird nur ein roter Grand Vin und in besonderen Jahren eine Reserve mit 48 Monaten Fass- und Flaschenlagerung. Der Ausbau der beiden Weine erfolgt intensiv in einem gemischten Satz von Barriques aus Vosges, Limousin und amerikanischer Eiche, halb neu, halb gebraucht.

Ansätze zu solchen eigenständigen Cuvées, die den Charakter des jeweiligen Landes, der Region reflektieren, gibt es mittlerweile viele: Cape Blends mit Pinotage als Grundlage, die Cabernet/Syrahs in Australien oder die GSM-Weine aus Grenache, Syrah, Mourvèdre.

Und Asien? Auch China verfügt über Weinbautradition. Diese ist zwar nicht annähernd so alt wie die europäische, auch hat sich dort nie ein vergleichbares Qualitätsdenken herausgebildet und durchgesetzt, aber das Land besitzt das Potenzial zur Weingroßmacht. Bernd Philippi, der in fast allen wichtigen Weinregionen der Welt von Kanada (warme Sommer plus garantierter Winterfrost plus deutschstämmige Winzer ergibt Eiswein) bis China, von Madeira bis Südafrika und Argentinien geforscht und gearbeitet hat, berichtete mir bereits vor Jahren, dass nach seinen Erfahrungen praktisch jede Klimazone, jedes Mikroklima, jedes Terroir, das man in Europa kennt, auch in China vorhanden sei. Das riesenhafte Land wird daher vielleicht die größte Weinwunderkiste des 21. Jahrhunderts werden.

Was also wird in Zukunft getrunken? Womöglich nicht nur das, was mit Maschinenhilfe produziert, sondern vielleicht auch maschinell ausgewählt wird. Mein Wunsch zum 100. Geburtstag: ein programmierbarer Weinklimaschrank, der meine Vorlieben kennt, über ein entsprechendes Budget verfügt und dafür im Internet rund um die Uhr auf Schnäppchenjagd geht.

(1999/2007)

Zeit und Geduld

Ein Plädoyer
für das Aristokratische im Wein

Früher war nicht alles besser. Schon gar nicht der Wein. Große Weine sind Ausnahmen – heute wie gestern. Was wir einen guten Wein nennen, das gab es früher nicht. Die Weine waren entweder ausbündig oder sauer.

Für die Armen – und dies waren nach unseren heutigen Maßstäben fast alle – gab es billigen Sauerwein in Fülle. Oftmals war dies nicht mehr als nur mit Wasser verdünnter Essig. Manchmal gab es jahrelang überhaupt keinen Wein und manchmal gab es davon so viel, dass man den Mörtel damit anmischte.

Man nannte dieses massenhaft hergestellte Volksgetränk *piquette*. Das heißt so viel wie „der kleine, stechende Säuerling". Er wurde durch nochmaliges Auspressen des Tresters gekeltert. Die erste Pressung ergab den *Muttertropfen.* Der aber war für die Tafel der Reichen bestimmt.

Nur wenige Kreszenzen der alten Weinwelt würden auch heute noch verwöhnte Gaumen entzücken können. Sie befanden sich aber für die meisten Zeitgenossen außer Reichweite. Bis zur Aufhebung der Leibeigenschaft und bis zur Säkularisation[9] waren sie den weltlichen und geistlichen Herren vorbehalten. Allenfalls noch deren Vasallen, die Höflinge und Landsknechte kamen in den Genuss guter Weine. In den Hierarchien der höfischen Haushaltungen war genau geregelt, wem welche Weinqualität in welchem täglichen Quantum als Deputat zustand – vom Hofmarschall bis zum jüngsten Pagen.

Die Herrschaft ließ, wenn sie den Weinberg nicht in eigener Regie bewirtschaftete, den Zehnten beziehungsweise Neunten vom Vorlauf vor Ort durch ihre Mostkontrolleure abziehen. *Reinwein* nannte man das. Im ungarischen Tokaj gab es zwei eigene Berufe dafür, den Tresterbeschauer und den Bottichstecher. Und da waren noch andere, der Weinrichter, der Fassmesser, der Ohmer, der Fuhrmann. Sie alle mussten mit Wein entlohnt werden. Dem Weinbauer selbst blieb da oft genug nur der Most der zweiten und dritten Pressung oder der Aufgusswein.

Doch dies kümmerte niemand. Bis zur dämmernden Neuzeit trank man Wein weniger aus Genuss, sondern als profanes Alltagsgetränk anstelle von Wasser oder vielfach gemischt für die Gesundheit.

Es gab Ausnahmen. Die Patrizier der freien Reichs- und der reichen Hansestädte. Die Kaufmannsfamilien in den Niederlanden. Und die Engländer. Die besaßen schon zu Shakespeares Zeiten so etwas wie eine bürgerliche Weinszene. Ihr vortrinkender Zeitgeist hieß John Falstaff.

Da haben wir es heute besser. Oder doch nicht? Zweifellos werden heute mehr gute Weine produziert als früher. Aber auch mehr große Weine? Ich möchte es nicht beschwören. Das schier unendliche Meer der ungenießbaren Schlechtweine ist bis auf einige entlegene Pfützen trockengelegt. Ist aber das, was heute alltäglich konsumiert wird, wirklich besser als die Säuerlinge der Altvorderen?

Technisch sauber, rein, weniger gesundheitsschädlich. Ja, so sind unsere heutigen Weine. Aber meist auch erschreckend banal. Wollen wir es beklagen? Dann müssten wir uns an die eigene Brust schlagen; denn die Weine sind ein Spiegel unserer Gesellschaft.

Niemals zuvor ist in deutscher Sprache so viel über Wein geschrieben worden wie heutzutage. Keine

Bordzeitschrift, kein buntes Konsumblättchen, keine Discounter-Werbung mehr ohne Weinkolumne und Geheimtipps für Genießer. Auch solche Zeilen haben ihre Autoren: Freaks verströmen ihr Herzblut notfalls zum Nulltarif, Händler empfehlen, was weg muss, Sommeliers schwärmen, um bessere Konditionen zu bekommen.

Die Zahl der Weinbücher in deutscher Sprache ist Legion. Nur wenige sind kluge Bücher. Manche sind witzig und einige sogar voller Poesie. Die meisten sind so überflüssig wie Repetiergewehre. Mein Rat: Lesen Sie Hochmütiges. In den Schriften von Béla Hamvas, Cristina Campo, Guido Ceronetti und Ernst Jünger erfahren sie mehr über die Mysterien des Weins als in den Coffee Table Books und Fließbandkompendien, die sich heute Weinliteratur nennen.

Über allem steht das Gebot: Trinken. Jeden Tag, bei jeder Gelegenheit, in jeder Gesellschaft. Man darf im Rausch nur nicht den klaren Blick verlieren für das, was einen Wein über die Masse des Untrinkbaren erhebt und das Cristina Campo „Blüte und Verfall des vollkommenen Wesens“ nennt.

„Die Leidenschaft für die Vollkommenheit erfasst uns erst spät, besser gesagt, wir werden uns ihrer erst spät bewusst. Sie offenbart sich uns meist in jenem schicksalhaften Augenblick, da uns das ‚große Grauen' packt vor der Welt, die um uns her zerfällt und vergeht. Und wilde Leidenschaft ist darauf die einzig richtige Antwort." Cristina Campo schrieb dies nicht über den Wein, aber es trifft auf ihn zu.

Sie zitiert in einer Fußnote die Rezension, die Guido Ceronetti 1970 über die Bücher Veronellis für die Wochenzeitschrift „L`Espresso" verfasste: „Alles, was er schreibt, ist von außergewöhnlicher, geradezu aristokratischer Erlesenheit. Die Auswahl, der Stil, die Beschreibungen, die Empfehlungen, die Klassifizierungen, die Benennungen, der bei der Weinprobe festgesetzte Preis: All dies ist eine Absage an das Gemeine, ist stolzer Rückzug. Ein Wein lässt sich ebenso wenig demokratisieren wie die Dichtung. Deshalb ist er nur schwer zu finden. Der Feudalismus innerhalb kleiner, privilegierter Bereiche ist eine zarte Entschädigung für jahrhundertelange gelebte und akzeptierte Boden- und Denkreformen. Der Weinstock ist ein verächtlicher Aristokrat, der von Desmoulins am Laternenpfahl erhängt worden wäre. Hätte die engelschöne Charlotte de Corday den Namen des weißen Meursault-Santenots[10] oder des roten Château de Chamirey[11] in Marats Ohr geflüstert, dann hätte der lüsterne Wilde für beide sofort die scharf schneidende

Hand der Witwe gefordert und so zweifach den Girondistendolch verdient."

Klug und belesen war Vittoria Guerrini, die unter ihrem Pseudonym Cristina Campo im Laufe ihres Lebens nur zwei Bücher schrieb. Diese zählen aber zum Schönsten, was die italienische Literatur des 20. Jahrhunderts hervorgebracht hat. Sie war eine Perfektionistin des geschriebenen Wortes, eine Stilistin ohne Pardon, die auch sich selbst nichts verzieh. Ihre Definition von Vollkommenheit und Schönheit mag manchem wenig zeitgemäß erscheinen: „Es ist ein aristokratischer Zug, oder mehr noch, die Aristokratie selbst, in der Natur, in der Gattung, im Denken." Mir leuchtet das ein. Für sie war es „die einzige plausible Erklärung".

Welches ist nun der aristokratischste unter allen Weinen, die ich je gekostet habe? Von den heutigen genügt kaum einer den Kriterien. Der 2000er Château Ausone gehört sicher in die engere Wahl. Er ist ein Monument der Unvergänglichkeit. Der „unendlich" von Franz Xaver Pichler – ein Wein, so weit wie das Firmament. Die 1983er Tokajer Essenz von Château Pajzoz – süße Träne einer verlorenen Zeit. Der 1979er Champagne Clos du Mesnil – ein zeitlos funkelndes Juwel. Vom Rhein? Die Trockenbeerenauslesen des

Jahrgangs 1992 von Robert Weil und Gunderloch – wahrhafte Jahrhundertweine. Natürlich denke ich dann an 1947 Cheval blanc, 1945 Mouton, diverse Jahrgänge von La Tâche und Richbourg, 1937 La Romanée Conti, 1921 Yquem, 1900 Margaux, die legendären „twins" 1864/65 von Lafite, die denkwürdigen Kometenweine des Jahrgangs 1811 Forster Ungeheuer, Yquem und Lafite und so weiter und so weiter. Merkwürdig: Je weiter die Gedanken zurückschweifen, umso aristokratischer die Weine.

Die meisten heutigen Weine sind Konsumware. Im günstigsten Fall sind sie glatt und reintönig, oft genug aber nur bieder und bräsig, allenfalls rührselig oder schwatzhaft. Sie dümpeln behäbig auf der Zunge wie Elbewer[12] bei Flaute. Selbst wenn sie marktschreierisch und plakativ daherkommen, lauthals, pralle Pin-ups, fette Sumo-Ringer, geputzte Affen – sie lassen den Kenner gleichgültig. Ihre Konsumenten verwechseln Make-up mit Schönheit und Masse mit Kraft. Diese Weine sind linear. Sie sind nicht in der Zeit verankert: Momentweine, keine Monumente. Es fehlt ihnen die Tiefe und damit die Empfindung. Wenn sie explodieren, tun sie es mit der Wucht einer Knallerbse. Sie nur zu nennen wäre unverzeihlich. Ihnen fehlen Anmut, Poesie, das Heroische, das Einsame, einfach alles.

„Denn ein Wein, der dieses Namens würdig ist", so der Philosoph Michel Onfray in seiner „Theorie des Sauternes", „ist die Quintessenz triumphierender Freuden, die allein die Existenz erträglich machen. Bevor er zu Trunkenheit und Rausch führt, verursacht er einen Taumel, der das Zeichen einer gelungenen Gemeinschaft eines Ich mit sich selbst und mit den anderen ist. […] Er ist das Gefäß der verherrlichten, transzendierten, sublimierten Zeit. Was vom Zeitpunkt der Abfüllung, der den Jahrgang bezeichnet, bis zum verschwenderischen Moment des Entkorkens mit jener Flüssigkeit geschieht, ist eine ständige Assimilierung, Alchemie und Verwandlung."

Genau dies verleiht den wirklich großen Weinen ihre erratische Würde, schwer zu fassen, aber unausweichlich. Es ist ihnen etwas Nichtgreifbares, etwas Zauberhaftes zu eigen, das sich auf den überträgt, der sich ihnen hingibt und sich damit ihrer würdig erweist. Ansonsten gelten für diese Aristokraten, ihr individuelles Wesen, ihren Geschmack keine Normen. Sie können elfenhaft über die Zunge tanzen, feinziseliert und von seidener Finesse sein, stolz und kampfbereit, schwelgerisch den Gaumen tapezieren, ihn mit brachialer Rauheit aufreißen oder mit der geschliffenen Eleganz eines Rapiers[13] treffen.

Gemeinsam ist diesen Weinen eins: Sie brauchen Zeit, um sich zu entfalten. Und wir brauchen Geduld, wenn wir ihnen nahekommen wollen. Große Weine sind wie die ferne *So-geliebte*[14]. Orpheus müsste man sein, wollte man sie besingen. Wenn die Zeit, wie Platon meinte, „ein bewegliches Bild der Unvergänglichkeit“[15] ist, dann ist Wein eine flüssige Form von Zeit.

„Wo sollen wir den Schriftsteller suchen, da die Zeit kein Thema ist für ihn, zugleich aber das, was man ihm abverlangt, Thema der Zeit zu sein scheint?“ Diese Klage von Cristina Campo über die verlorene Vollkommenheit der Poesie trifft auch auf den Wein zu. Welcher unserer heutigen Winzer gönnt dem Wein noch den dritten Winter im Fass und das vierte Jahr in der Flasche?

In den Jahren 1864 und 1865 war das noch üblich. Nicht nur auf Château Lafite, wo man damals die legendären Zwillinge der Pre-Phylloxera-Zeit zur Welt brachte. Für welchen sich entscheiden im edlen Wettstreit um die aristokratische Krone?

Der 1864er Lafite ist gewiss einer der berühmtesten Weine aller Zeiten. Aus einem sehr heißen Jahr, mit großer Hitze selbst noch zur Zeit der Ernte. Ein Wein, dem alle namhaften Weinchronisten ihre Referenz erwiesen haben. Alfred Danflou war 1867 der erste in seinem Buch „Les Grands Crus Bordelais“ mit der Bemerkung, dieser „großartige wie auch profitable Wein“ sei „der für die Götter dieser Welt reservierte Nektar, das heißt, für jene, die reich genug sind, um ihn bezahlen zu können“.

Maurice Healy und Walter Berry sangen sein Loblied in den 20er und 30er Jahren des vergangenen Jahrhunderts. Für Allen Warner , der ihn 1904 erstmals und 1933 letztmalig trank, war es „der köstlichste Wein, den ich je kostete“, und André Simon, der große alte Mann der angelsächsischen Weinliteratur, notierte, dass er sich nach einem halben Jahrhundert noch ganz hervorragend präsentierte und alle anderen Gewächse dieses großen Jahrgangs überdauert hatte. „Selbst in den frühen 30er Jahren, im Alter von fast siebzig Jahren, war dieser 1864er Lafite noch wundervoll: noch immer frisch, zart und wohlriechend. Sein exquisites Bouquet gab mir zu denken und zu fragen, ob ein wirklich großer Claret überhaupt eine Altersgrenze kennt.“

Ich habe diesen Wein erstmals 1982 bei einer Raritätenprobe von Hardy Rodenstock im Restaurant „Fuente“ in Mülheim aus einer Magnum probieren können und damals als historische Reminiszensen notiert: Ferdinand Lassalle, der unkonventionelle Sozialist mit

Phantasie und Lebensart, wird beim Duell tödlich verwundet. In Dänemark lässt Bismarck die Düppeler Schanzen erstürmen. Der amerikanische Bürgerkrieg befindet sich in seiner grausamen Endphase. Der Reformzar Alexander II. setzt unabhängige Richter ein und macht die Gerichtsverfahren öffentlich. Henri Dunant gründet das Rote Kreuz. So viel zur historischen Dimension.

Die Flasche war in einem perfekten Zustand, der Wein von höchster Delikatesse, aber eben doch nicht so, dass man sich nicht noch eine Steigerung hätte denken oder wünschen können. Wie angebracht dieser Zweifel war, zeigte sich am 7. Oktober 1995 bei einer Raritätenprobe im „Le Canard“ in Hamburg. Zwei Flaschen, eine mit Original-Kork und -Kapsel sowie einem Etikett mit Angabe von Propriétaire und Gérant („LAFITE B.on de Rothschild, Propriétaire 1864 R. Galos, Gérant, BORDEAUX“) und eine Flasche, die 1986 auf dem Château neu verkorkt, mit Wein des Jahrgangs 1896 aufgefüllt und mit neuem Label versehen worden war. Aber auch hier handelte es sich eindeutig um eine zeitgenössische, mundgeblasene Flasche. Die Nennung von Besitzer (Propriétaire) und Verwalter (Gérant) findet eine Erklärung in der Tatsache, dass die Familie Rothschild, die das Gut erst

1868 erwarb, damals ältere Jahrgänge für ihre Sammlung kaufte und nachetikettierte.

Diese Original-Flasche enthielt den wohl wunderbarsten Wein, den ich je getrunken habe. Wer ihn so erlebt, versteht Michael Broadbent, wenn er von ihm als dem „komplettesten Lafite aller Zeiten" spricht. Selten wurde Sinnlichkeit für mich so schmeckbar wie an diesem Abend.

Langsam duftete sich dieser noble Wein im Glas aus und setzte dabei einen Kosmos der Düfte frei – ein im wahren Wortsinne finales Erlebnis. Man fragt sich, ob je ein heutiger Wein das in 130 Jahren noch zu bringen vermag. Ich denke: Nein! Im Mund zeigte er noch immer eine ungebrochene Fülle, feine Süße und Frucht, mild wie die warme Abendsonne. Doch was für ein Auftritt in der Nase. Anfangs etwas zögerlich, als würde sich der Geist der Flasche nicht recht zurücktrauen in die Welt der Menschen, die er vor so langer Zeit verlassen hat, dann deutlicher – Trockenfrüchte, Studentenfutter, zarte Töne von Holz und Borke. Ganz langsam steigt immer mehr Süße im Glas auf. Das Bukett differenziert sich, löst sich auf in mal mehr malzige Töne, dann ein melancholischer Hauch von Herbstlaub und betörend süße Rosendüfte, auch so Plakatives wie Schokolade und Himbeere. Mal glaubt man Orangen und kandierte Früchte zu erkennen, dann wieder Lebkuchen und warmes, frisch gebackenes Brot. Ein Irr- und Lustgarten der Düfte, faszinierend, verführerisch und beglückend.

Aber vergessen wir darüber nicht den nachgeborenen Bruder aus dem Jahr 1865. Auch ihm begegnete ich im Laufe der letzten 20 Jahre mehrfach. Die vier Flaschen, die ich von diesem Wein probieren konnte, hatten naturgemäß einen unterschiedlichen Zustand. Alte Weine zu goutieren hat auch etwas von einem Lotteriespiel. Bei besagter Rodenstock-Probe im Oktober 1982 in Mülheim war er aus einer Magnum zwar noch erstaunlich frisch für sein Alter von damals 117 Jahren, aber eben doch ein von der Bürde der Jahre gezeichneter, müder Held.

Ganz anders zwölf Jahre später bei einer „Best-Bottle"-Probe[16] in Hamburg. Da zeigten beide Flaschen ein tiefes Granatrot mit Rubinkern. Die erste Flasche war geprägt von einer deutlichen Malzwürze. Die Schwesterflasche hatte sogar noch einen letzten Hauch von Minze im Bukett. Beide Weine schmeckten deutlich nach Erdbeeren und etwas Himbeeren. Neben dieser Beerensüße war aber immer auch noch etwas Tannin vorhanden, was auf einen extrem langen Fassausbau hindeutet, wie er damals in Bordeaux üblich war.

Damals, das waren jene Jahre, die man in Bordeaux zu Recht die goldene Ära nannte und in Paris die Belle Époque. Das Leben war für eine kurze Spanne von Jahren Operette. Und die Operette Leben. „Träum ich oder wach ich?“ – der Übergang war fließend. Keiner wusste so genau, wo der eine Zustand anfing und der andere aufhörte. Paris taumelte, tanzte, tobte, blind gegenüber den Zeichen der Zeit. Der Fortschrittsglaube war unerschütterlich, die Vergnügungssucht – nicht nur der Hautevolee – grenzenlos.

So langlebige Weine wie diese beiden Lafites bewahren elixierhaft verdichtet und verschlüsselt das Gedächtnis ihrer Epoche in sich für den, der es zu schmecken versteht. Die Klassifikation von 1855[17], jene strenge hierarchische Ordnung, die den monetären Rang der Weine in ein Qualitätssystem wandelte (auch dies eine bemerkenswerte Metamorphose), begann damals zu greifen. Eine Serie wundervoller Jahrgänge kam als Gottesgeschenk hinzu und mehrte den Erfolg der Bordelaiser Winzer und Händler kräftig. Die Finanzwelt wurde aufmerksam auf dies schlummernde Kapital. Am 8. August 1868 erwarb der Pariser Bankier Baron James de Rothschild Château Lafite samt seinen Weinbergen für den für die damalige Zeit unerhörten Kaufpreis von 4,44 Millionen Francs. Man sagt, er habe es nur gekauft, weil er es spaßig fand, dass das Château den gleichen Namen hatte wie die Straße, in der seine Bank in Paris damals residierte.

Mag man das glauben?

Wahrscheinlicher ist, dass der Geldmagnat sehr wohl wusste, was er tat. Hatten sich doch im Jahr davor auf der Pariser Weltausstellung beim legendären „Drei-Kaiser-Diner" im Café Anglais in der Rue Marivaux Zar Alexander II., Friedrich III. und Wilhelm I. an dem Lafite des Revolutionsjahrgangs 1848 gütlich getan. Zudem dürfte Rothschild Informanten gehabt haben, die ihm berichtet hatten, dass in dem Keller des Gutes, dessen Regisseur Joseph Goudal sich immer wieder mit dem Kartell der Négociants vom Quai des Chartrons[18] angelegt und Weine über deren Köpfe hinweg direkt zu Höchstpreisen verkauft hatte, mit dem 1864er einer der größten Weine aller Zeiten lagerte.

Wie auch immer, er sollte wenig Freude an seinem neuen Besitz haben, der, wie wir heute wissen, ein erstklassiges Investment darstellte. James de Rothschild starb noch im selben Jahr, ohne das Château je gesehen zu haben.

Mit dem Leben der kleinen Leute hatte das alles nichts zu tun. Das war unvorstellbar hart. Aber es war andererseits auch eine für spätere Menschen unvorstellbar glückliche Zeit. Es herrschte Freizügigkeit in weiten Teilen Europas.

Erst heute, da man fast schon wieder ohne Schranken vom Atlantik bis ans Schwarze Meer reisen kann, wird sichtbar, was man damals am Ende des ersten der beiden großen Kriege Europa angetan hat, als man seine Mitte und damit sein Herz zerstückelte.

Aus der Sicht eines Siebenbürger Sachsen liest sich dies so: „Man konnte frei herumreisen, zum Studieren, zum Handeln, zum Vergnügen. Nach Bregenz am Bodensee oder nach Krakau zum Beispiel, oder nach Ragusa und nach Venedig und nach Prag. Na gut, es ist noch kein Kleinsommersberger nach Krakau oder nach Venedig gefahren, und so lange nur Frieden ist, ist's zu Hause immer noch und sowieso am besten. Und trotzdem, irgendwie hat man sich ja doch auch geschützt gefühlt in der Gewissheit, zu solch einem großen Reich zu gehören. Und jetzt, als wär man in einem Gefängnis, überall Grenzen! Wer jetzt noch in irgendein Ausland reisen will oder muss, braucht nicht nur einen rumänischen Pass für die Ausreise, sondern auch eine Erlaubnis zur Einreise, zum Beispiel nach Jugoslawien – aber dazu muss man erst in die neue Hauptstadt fahren, nach Bukarest, 350 Kilometer weit, sieben Stunden mit der Eisenbahn, extra für einen Stempel zum jugoslawischen Konsulat oder zum tschechischen oder italienischen, je nachdem, und vormals konnte man auf dem Kleinsommersberger Bahnhof einfach einsteigen und in Prag oder Venedig wieder aussteigen."

Paul Schuster, der Kempowski der deutschsprachigen Literatur Rumäniens, hat es in seinem Roman „Fünf Liter Zuika" aufgeschrieben. Seine Dorfgeschichten sind ferne Ausläufer der Weltbeben. Sie spiegeln im Schicksal der kleinen Leute das Ende jener kurzen Spanne zwischen den bürgerlichen und den proletarischen Revolutionen, in der sich das Ancien Régime nochmals einen Atemzug lang etablieren konnte, ehe es vollends seinen Geist aufgab.

„Wenn aber die Ordnung im Großen zerfällt, kann sie dann noch im Kleinen bestehen?" Die Frage, die Schuster dem kriegsversehrten Bauernsohn Schieben-Thummes aus Kleinsommersberg angesichts dieser Zeitenwende in den Mund legt, ist letztlich bis heute nicht beantwortet. Aber wir alle zahlen noch immer den Preis dafür.

Während also die drei Kaiser noch lustvoll dinierten und amüsiert plauderten, Hortense Schneider allabendlich tout Paris als Großherzogin[19] begeisterte und dem Zarewitsch den Kopf verdrehte, wurden die

Schienen bereits gelegt, auf denen sich nur wenige Jahre später der Aufzug der preußischen Armeen vollziehen sollte, und die heimlichen Pakte geschmiedet, die den Untergang des alten Europa besiegelten.

Das Ende kam jäh.

Die Reblaus verwüstete die Weinberge. Drei Kriege, Diktaturen, der Schwarze Freitag veränderten die Welt, die Zeit, die Menschen. Europa hatte nach dem Frieden von Trianon[20] plötzlich 18 000 Kilometer Grenzen mehr. Nach dem nächsten Krieg kamen Mauern, Stacheldraht, der Eiserne Vorhang. Zwar produzierten die Bordelaiser Winzer auch in diesen dunklen Zeiten immer wieder große Weine, aber es dauerte bis in die 80er, 90er Jahre des 20. Jahrhunderts ehe sie wieder die Gipfelhöhe von damals erreichten – und die Menschen ihre alte Bewegungsfreiheit zurückerhielten.

In diesen hedonistischen Jahren – wieder ein Fin de Siècle – fand eine Reihe denkwürdiger Weinproben statt. Die spektakuläre Kostüm-Gala in Schloss Herrenchiemsee zum Beispiel, die das Drei-Kaiser-Diner von damals noch einmal aufleben ließ – samt den Original-Weinen. Und dann ein Moment von ganz besonderer historischer Tiefe und Dimension: das „Pre-Phyloxera-Frühstück" von Hardy Rodenstock im

September 1995 in München mit 17 original verkorkten Bordelaiser Gewächsen der Vor-Reblaus-Zeit, einige sogar noch aus der Zeit vor der Klassifikation von 1855.

Keiner, der diese Probe miterleben durfte, wird sie je vergessen können. Die Faszination dieser Weine setzte unwiderrufbare Maßstäbe. Der amerikanische Weinkritiker Robert Parker hat es in einem Interview, das er unter dem unmittelbaren Eindruck dieser nicht mehr wiederholbaren Serie von Weinen gab, treffend formuliert: „Ich glaube, man wird die Geschichte der modernen Weinbeschreibung in zwei Zeitalter einteilen müssen. Das erste ging gestern zu Ende und das zweite beginnt heute."

An diesem Morgen begegnete mir der 1865er Lafite bislang zum letzten Mal, eine Flasche mit Original-Kork und -Kapsel. Der Korkbrand war noch teilweise zu entziffern. Wieder eine andere Facette dieses Mysteriums. Eine ganz extraordinäre Nase mit viel Puder, süßer Würze, Zimt, einem Syrah ähnlich. Die berühmteste aller Tanten, die *zia* in Reinkultur, kam mir dabei in den Sinn, die Georges Haldas in seinem Roman „La Maison en Calabre" beschreibt: „Eine alte, willensstarke Dame von feierlichem Gebaren, die sich bei jeder Mahlzeit den Wein in randvollen Gläsern zu Gemüte führte, die sich auch gelegentlich kokett zu kleiden liebte, zum Beispiel wenn jemand, der nicht zur Familie gehörte, auf Besuch kam."

Wir werden nie erfahren, was Béla Hamvas über diese Weine geschrieben hätte. Aber ich wüsste es gerne. Unglücklicherweise lebte er in einer Zeit und in einem politischen System, in dem solche Konterbande – wenn überhaupt – nur einer Funktionärskaste hinter verschlossenen Türen zukam. Wären es für ihn Weine der Einsamkeit gewesen wie die alten Schomlauer? Oder Kavaliersweine wie die Roten aus Villany? Hochzeits- oder Venusweine, ein Zwei-mal-zwei-ist-vier-Wein, ein Freundschafts- oder ein Ehewein?

Kein anderer Autor der Neuzeit hat seine Liebe zum Wein in so wunderbare Bilder und Worte gekleidet wie dieser alchimistische Meditationskünstler und Erzpoet in seiner *Skizze eines Weinkatalogs*. Dabei musste er sich in einer schlechten Zeit allein mit den Weinen seiner ungarischen Heimat begnügen. Schlimmer noch: In den Wochen des Jahres 1947, als er „Die Philosophie des Weins" schrieb, so berichtet Lászlo F. Földényi, „trank er wahrscheinlich kaum Wein. Und wenn doch, dann vermutlich von der schlechtesten Sorte. Es herrschte Hungersnot und es war schon viel, dass er täglich sein bisschen Brot hatte. Wie so oft in seinem Leben musste er von Gedanken satt werden." Von Erinnerungen leben.

Aber diese beschränkten Möglichkeiten – kostbar genug – erlaubten es ihm, die gleiche leidenschaftliche Weinsicht der Dinge zu entwickeln, wie sie Ovid oder Hölderlin zu eigen war. Ihm offenbarte sich der Wein als Maske des Göttlichen.

So fiel, wie Dichter sagen, da sie sichtbar
Den Gott zu sehen begehrte, sein Blitz auf Semeles Haus,
Und die Göttlichgetroffene gebar
Die Frucht des Gewitters, den heiligen Bacchus.
Und daher trinken himmlisches Feuer jetzt
Die Erdensöhne ohne Gefahr.
Doch uns gebührt es, unter Gottes Gewittern,
Ihr Dichter! Mit entblößtem Haupte zu stehen,
Des Vaters Strahl, ihn selbst, mit eigner Hand
Zu fassen und dem Volk ins Lied
Gehüllt die himmlische Gabe zu reichen.
Denn sind nur reinen Herzens,
Wie Kinder, wir, sind schuldlos unsere Hände,
Des Vaters Strahl, der reine, versengt es nicht,
Und tieferschüttert, eines Gottes Leiden
Mitleidend, bleibt das ewige Herz doch fest.

So weit Friedrich Hölderlin in seinem Hymnus „Wie wenn am Feiertage …“.

Heute glaubt jeder über Wein schreiben und sprechen zu müssen. Die wenigsten aber sind dazu berufen. Kaum einer geht mehr das Wagnis ein, Wein als das verstehen zu wollen, was er ist – Leidenschaft, Religion, Metamorphose. Dabei braucht der Wein die kongeniale Interpretation, um sich zu vollenden. Um noch einmal Michel Onfray zu zitieren: „Denn wie Marcel Duchamp recht hat, wenn er sagt, dass es der Betrachter ist, der das Bild macht, so gilt es auch hier zu betonen, dass der, der ihn kostet, den Wein macht, und zwar insoweit, als er selbst durch diesen gebildet und strukturiert wurde. Bevor er nämlich verstanden werden kann, bildet und erzieht der Wein, den, der ihn trinkt."

Philosophen sind heute intimer mit dem Wesen Wein vertraut als all jene Kritiker, die ihre Spracharmut mit Sternen, Schulnoten oder Gläsern kaschieren. Der Franzose Michel Serres beschreibt in dem Essay „Animalische Geister" einen dieser persönlichen Momente der feierlichen Initiation. Er nennt es seine „zweite Kommunion". Jeder Eingeweihte kennt diesen Augenblick, da zum ersten Mal ein Wein sein Herz berührte, das „himmlische Feuer" sich ihm in die Sinne brannte. Für Serres war eine Flasche 1947er Château d'Yquem der Trank der Erkenntnis.

„Die Flüssigkeit hatte ein dunkles Gold angenommen, ein Gelborange, das ins Kupferne ging, durchzogen von rosafarbenen Reflexen. Wie ein Kupferkessel, den Zeit und Geduld [sic] poliert haben, in einer etwas dunklen flämischen Küche, zwischen Balken aus schwarzem Holz. Der Wein leuchtete wie Stroh in einem Stall, wie das Kompassgehäuse die Striche erleuchtet des Nachts im Wind. Der noch feste Korken ging bereits ein wenig ins Flüssige über, sein Braun ins Blonde, alles näherte sich einem Phasenwechsel. Wir haben uns so viel Zeit genommen, diesen Wein zu trinken, dass wir heute noch davon reden."

Zu guter Letzt – da hat Hamvas Recht – „bleiben schließlich zwei übrig, Gott und der Wein".

(2004/2007)

Masken und Massstäbe

Von der Art, Weine zu beschreiben

Für viele scheint die Welt des Weins aus den Fugen geraten. Weine kommen aus Thailand, Indien und schon bald aus der Retorte. Verkostungen finden am Fließband statt. Es gibt Portwein aus der Pfalz und Eiswein bei ALDI. Etiketten lesen sich wie Hitparaden: Red Rock, Black Print, Fusion I, Sex Machine II und so weiter.

Dies sind nur einige Symptome jener neuen Weinwelt, die Stuart Pigott auf seinen Gonzo-Trips[21] in die Zukunft des Weins beschreibt. Die Spaßgesellschaft hat sich nach der Gourmandise auch des Weins bemächtigt und ihn zum Lifestyle-Objekt für Gurus und Groupies gemacht. Das hat Folgen: Maßstäbe gehen verloren, Sprache verwandelt sich in Silbensalat, Kritiker werden zu Vortänzern, Köche zu Schaumschlägern und Weinbauern zu *flying winemakers*[22]. Die überlieferte Weinkultur, so sehen es zumindest die Traditionalisten, geht dabei vor die Hunde.

„Mit der Erscheinung des sentimentalen Reisenden verwandelt sich jede Landschaft in einen Spiegel der Person und jede Schilderung in eine Art von gefühlvollem Verdauungsakt." Diesen Satz von Ernst Jünger aus dem Vorwort zu seinem Essayband „Blätter und Steine" (1934) kann man als Schablone für einen Teil der zeitgenössischen Weinliteratur anwenden. Nicht wenige von uns wären demnach Sentimentalitätstrinker.

Zur Entschuldigung jener Kollegen, die es eigentlich besser könnten, sei angeführt, dass die meisten Blätter genau diese Art von Texten zu gerne drucken, weil ihre Redakteure der Meinung sind, nur so könne man Wein nachhaltig popularisieren. Das ist ein gefährlicher Weg. Die Weinmacher werden ihm folgen und uns noch mehr Postkarten-Weine bescheren. Nichts mehr wird dann zu schmecken sein von „hoher Erdkraft". Weine, „die sich nicht ohne Widerstand darbieten und deren Geist man sich erobern muss" (Jünger) werden verschwinden.

Nun kann nicht jeder viel und weit gereiste Weinautor ein Humboldt der geistigen Getränke, ein Montaigne des guten Geschmacks oder ein Hemingway der

Weinreportage sein. Aber die Beherrschung der Sprache darf man verlangen.

Bleiben wir bei Ernst Jünger. „Die Sprache ist ein Handwerkszeug, dessen Gebrauch man durch die Beschreibung des Gegenstandes erlernt. Wichtig ist daher vor allem die Erziehung zur sachlichen Schilderung, beginnend etwa mit der Beschreibung des Apfels, und zwar des Apfels, der während des Schreibens auf dem Tisch liegt." Wir wünschen uns solche Beschreibungen nicht nur des Apfels, sondern auch der Weine. Nur durch „nüchterne Trunkenheit" (Philon von Alexandria) kommt man zur Erkenntnis.

In einer ihrer frühen Erzählungen, die den Titel „Durst" trägt, beschreibt die Ungarin Terézia Mora ihre Verwandtschaft, die Großmutter, die Mutter, den Vater, den Onkel Fred und vor allem den Großvater. Dabei beobachtet sie sehr genau, wer wie trinkt: „Großmutter heimlich, aus kleinen, dickwandigen Gläsern, mit an den Körper gepressten Ellbogen katholischer Mädchenschulen. Mutter mit der märtyrerhaften Hysterie und Unersättlichkeit verkannter Diven." Ganz anders der Großvater. Von dem heißt es: „Großvater trinkt. Er sitzt allein in der Küche [...]. Die Flasche ist grün und birgt rote Flüssigkeit. Großvaters Bewegungen, wie er das Glas auf das Wachsleinen stellt, vorsichtig, bedächtig, schwer, damit es ja nicht runterfällt. Wie er zur Weinflasche greift, den Korken mit der Hand abzieht, wie er eingießt."

Heute scheint ihr dieser Text nicht ausgereift, wie sie kürzlich in einer Poetik-Vorlesung bekannte: „Ich würde mich überhaupt nicht mehr darauf einlassen, was in der Flasche ist, ich würde höchstens noch erwähnen, dass die Flasche grün ist: Die Flasche ist grün. 0,7 oder 1 Liter, das wäre mir heute wichtiger. Möglicherweise 2 Liter. Eine grüne Zweiliterflasche. Den Korken einer Zweiliterflasche mit den Zähnen herausziehen."

Aber wie großartig wäre dieser kleine unscheinbare Text erst, wenn wir erführen, welchen Wein der Großvater „mit der Ehrfurcht, die man einem seit fünfzig Jahren treuen Weggefährten und Mentor schuldet" getrunken hat. War er sauer oder süß, war er dünn oder stark. War es vielleicht wirklich der Haustrunk aus dem Doppler, „der dunkelrote Wein, der auf den Hügeln hinter unserem Haus wächst"? Und welche Geschichten und Gesichter verdankte der Großvater dem Wein?

Die Autorin stammt aus Sopron. Dort gibt es vorzüglichen Kékfrankos. Warum verschweigen uns Dichter oftmals das Wichtigste?

„Der Mangel an Mustern und der damit notwenig verbundene Mangel an gültiger Kritik erschwert es dem Einzelnen außerordentlich, sich seine Sprache zu erarbeiten. Wo die Sprache eine gummiartige Dehnbarkeit besitzt, dringt man höchstens bis zur Gesinnung, das heißt zu einem schlechten Stil, der sich hinter großen Worten versteckt, oder aber bis in die Zone der Artistik vor. [...] In einem Zustande, in dem es der Sprache an Maßstäben fehlt, bleibt doch der Maßstab des Gegenstandes bestehen." So schrieb Jünger.

Was ist aber der Maßstab des Weines? Gibt es so etwas überhaupt jenseits von Alkoholgehalt, Säuregraden, pH-Werten und anderen Inhaltstoffen, mit denen sich Wein als chemisches Konglomerat beschreiben lässt? Sind Parker-Punkte ein Maßstab? Broadbents Sterne? Oder etwa der Genussfaktor, den Andreas März und die Lange-Brüder einbrachten?

Im letzteren Fall gewinnen die Weine, die von der geselligen Runde der Probanden als erste ausgetrunken wurden. Demnach wären eingängige, unkomplizierte Weine die besten. Die schwierigen, die komplizierten, die (noch) stummen bleiben bei diesem Verfahren auf der Strecke. Was unterscheidet dann aber Wein von Coca-Cola? Anpassungsfähige Essensbegleiter sollen Weine sein. Recht so. Die braucht man als alltäglichen

Nahrungsergänzungsstoff. Aber sind diese auch Genussgaranten? Nein und dreimal nein, selbst wenn noch so viele Flaschen noch so schnell geleert werden. Mir graut vor einer Welt, in der Konsensfähigkeit als oberstes Kriterium für die Qualität des Weines eingeführt sein wird.

Seit in den hedonistischen Jahrzehnten des späten 20. Jahrhunderts der vormals privilegierte Weingenuss alle sozialen Milieus zu durchdringen begann, dienen Weinverkostungen als wohlfeile Party-Sujets: Raritätenproben, Jahrgangsverkostungen, Tests jeglicher Art – verdeckt, vertikal, horizontal, mit und ohne Piraten[23]. Alles wird getestet. Der jüngste Bordeaux-Jahrgang, die billigsten Supermarktweine. Nach der Qualität der Tester fragt niemand. Auf jeden Fall wird es publiziert. Manchmal hat man den Eindruck, es gehe nur noch darum, wer die meisten Weine probiert hat, nicht darum, ob diese auch verstanden wurden. Emsig werden da nur Notizen zusammengetragen, gebetsmühlenartig die Worte wiederholt: reintönig sei der Wein, edel und gut. Solche Weinstenogramme gehören in den Reißwolf und nicht zwischen Buchdeckel.

Das Phänomen des manischen Repetierens war – wenn auch an anderen Sujets festgemacht – schon für Hegel Gegenstand einer kritischen Betrachtung in seiner „Phänomenologie des Geistes".

„Dies oberflächliche Herausheben aus der Einzelnheit, und die ebenso oberflächliche Form der Allgemeinheit, worein das Sinnliche nur aufgenommen wird, ohne an sich selbst Allgemeines geworden zu sein, das *Beschreiben* der Dinge hat noch in dem Gegenstande selbst die Bewegung nicht; sie ist vielmehr nur in dem Beschreiben. Der Gegenstand, wie er beschrieben ist, hat daher das Interesse verloren; ist der eine beschrieben, so muß ein anderer vorgenommen, und immer gesucht werden, damit das Beschreiben nicht ausgehe."

So betrachtet sind viele Weine, die heute die Hochglanzseiten der Magazine füllen, nichts anderes als Copyshop-Crus – Weine ohne Eigenschaften, flüchtig wie Warhol-Skizzen, beliebig wie Abziehbildchen. Weine der Ungeduld.

„Diesem rastlosen, unruhigen Instinkt", so Hegel weiter, „kann es nie an Material gebrechen; eine neue ausgezeichnete Gattung zu finden, oder gar einen neuen Planeten, dem, ob er zwar ein Individuum ist, doch die Natur eines Allgemeinen zukommt, zu finden, kann nur Glücklichen zu teil werden."

Was Hegel über den Stellenwert von Planeten sagte, trifft auch auf den Wein zu, jenem Seinsextrakt, von dem der Quantenphysiker Richard P. Feynman einmal in einer Vorlesung sagte, man könne „das ganze Universum in einem Glas Wein“[24] sehen, wenn man nur genau genug hinsehe.

Anders der französische Autor Gustave Flaubert. Der sammelte in seinem „Wörterbuch der Gemeinplätze“ Klischees und Worthülsen. Unter dem Stichwort „Wein“ heißt es da: „Diskussionsgegenstand.“ – „Sein Charakter.“ – „Der beste kommt aus Bordeaux, denn den verschrieben die Ärzte.“ – „Je schlechter er ist, desto unverfälschter ist er.“ Dieses Glossar diente ihm unter anderem als Materialsammlung für den unvollendet gebliebenen Roman „Bouvard und Pecuchet“.

Der österreichische Textkünstler Oswald Wiener hat sich in einer amüsanten „Tischrede“ dieser beiden Banausen angenommen und sie „ins Reich der Sinne“ entführt. In dieser dialogischen Suada legt er ihnen all die Plattitüden und Phrasen der globalen Erlebnis-Trinkerei unserer Tage in den Mund; denn es ist „billiger, das Sensorium der Arbeitslosen zu schulen, als ihre Intelligenz“.

Weinbeschreibungen können und müssen gelegentlich technischer Natur sein. Dann bedient man sich am besten der 100-Punkte-Tabelle der Union Internationale des Oenologues. Die ist ziemlich präzise, aber fürs Publikum eher befremdend. Das liebt nun mal die Schulnoten und bringt sich damit um manchen Spaß.

Gönnen wir den Weinen doch wieder ganze Sätze statt nur Worte und Zahlen. Machen wir die Weinbeschreibung wieder zu einer literarischen Gattung wie Bildbetrachtung oder Gedichtinterpretation. So wie es der Romantiker Ludwig Tieck 1823 in seiner Novelle „Die Gemälde" vorgegeben hat. Beginnen müsse man wie in allen Künsten ganz einfach, indem man sich auf den Wein einlasse. Man dürfe ihn nicht vorwitzig kritisieren, sondern müsse ihn erst einmal wahrnehmen und erfassen. Das ist wahr. Weinkolumnen sollten die Weine beschreiben und nicht die Schreiber inszenieren.

Weite Teile der Weinpublizistik verdienen heute die Note mangelhaft. Das mag auch daran liegen, dass es zwar einige Untersuchungen über ihre Wirkung gibt, aber kaum eine über ihre Form. Hans Peter Althaus kritisiert in seinem „Kleinen Wörterbuch der Weinsprache", dass der Wunsch nach einem klangvollen Ausdruck häufig das Streben nach Klarheit und Eindeutigkeit der Bezeichnung überlagere. Manche Kommentatoren benutzten diese Art des Weinwortschatzes „als Jargon oder wie eine Geheimsprache". Stephan Pinkert hat sich in seiner „kleinen Soziologie des Weintrinkens", die unter dem Titel „Weinmilieus" erschienen ist, damit ausführlich befasst und kommt zum vernichtenden Fazit: „leere Gläser also und leere Worte".

Ähnlich sieht es der Germanist Arno Dusini in einem Beitrag für den Sammelband „Rhetorik des Genusses". Für ihn sind die als Weinführer getarnten Druckwerke nichts anderes als „rhetorisch aufgemotzte Preislisten" oder „hochgezüchtete Geld-Periphrasen". Er bezieht sich dabei zwar vor allem auf die Noten und Notizen des Amerikaners Robert Parker. Aber die Frage ist berechtigt und könnte auch auf andere Autoren wie René Gabriel oder James Suckling Anwendung finden: „Dienen sie nicht als Figuren eines Circuitus, der nicht den Wein, sondern das Kapital im Auge hat?"

Dies scheint mir ein signifikantes Merkmal unserer demokratisierten Genusskultur zu sein, in der „der Geldwert den Geschmackswert bestimmt". Mangels Geschmack, so der Soziologe Wolfgang Sofsky in seinem Essay „Unanständig, unhöflich, taktlos", halte sich der vulgäre Charakter an hohe Preise. „Was viel kostet, muss auch wertvoll sein. [...] Der Stolz finanzieller Überlegenheit verschmilzt so mit dem Gefühl sinnlicher Genugtuung." Parker und Co. wären demnach nichts anderes als Hofnarren der Ellenbogen-

und Heuschreckengesellschaft, ihre Weinbeschreibungen triviale Fortsetzungsgeschichten, vulgäre Mythologien in Heftchenformat, den Groschenromanen, Streifen-Comics und Hip-Hop-Raps verwandt.

Früher wurden Höchstbewertungen für Weine dann vergeben, wenn diese sich in einem vollendeten, ausgereiften Zustand befanden. Plötzlich wurde es Mode, Weinen bereits vor der Abfüllung zu bescheinigen, sie würden eines Tages eine Idealform erreichen und damit 100 Punkte wert sein. Da seither die unersättliche Meute der Gläubigen nach einer permanenten Wandlung von Geld in Genuss lechzt, müssen Monat für Monat solche Weine gefunden werden.

Niemand freut sich darüber mehr als der Handel, dessen Offerten oftmals aus nichts anderem bestehen als aus Punkten und Preisen. Die Jagd nach der ultimativen Trouvaille hat inzwischen weltweit ein Gewerbe trittbrettfahrender Weinpropheten entstehen lassen.

So verkündete kürzlich ein Hamburger Händler in einer E-Mail-Nachricht, ein gewisser Michael Liebert habe erstmalig 100 Punkte für Preis und Genuss vergeben und zwar für den Wein „Accademia dei Racemi" Anarkos 2006, der bei ihm für sagenhaft günstige 4,50 Euro zu haben sei. Eigentlich wäre das ein prachtvoller Stoff für einen Komödienschreiber vom Formate Molières: der Prolet als Milliardär.

Diese globale 100-Punkte-Manie der Weinszene ist ein Kind der hedonistischen 1990er Jahre. Sie hat sich im gleichen Zeitraum entwickelt wie die „Luxus ist geil"-Bewegung der schwarzen New Riches in den USA. Deren Credo lässt sich auf drei Marken reduzieren: Cognac, Cadillac und Cartier. Der New Yorker Rapper Busta Rhymes münzte bereits 1991 das alte Rock 'n' Roll-Motto „Gimme some more" um in eine Hymne dieses *Nigga capitalism*: „All my niggas gettin' money capitalize / Die little small guy, we on the rise / Everything a nigga touch platinumize." So wie für die schwarze Rapper-Szene Marken als Beweis für das Ego angesehen werden, sind es bei der von Weißen und neuerdings Asiaten dominierten Weinszene bestimmte von den Weinpäpsten dieser Welt abgesegnete Wein-Ikonen.

In diesem Zusammenhang macht Dorothea Gmeiner-Jahn in ihrem ebenfalls in der „Rhetorik des Genusses" erschienenen Aufsatz „Weinbeschreibungen: Wilde Poesie" darauf aufmerksam, dass viele Darstellungen von Weinen eine verblüffende Ähnlichkeit zu den Hagiographien der Spätantike und des Mittelalters aufweisen. Gestützt auf Notizen deutschsprachiger Autoren zu österreichischen Weinen führt sie die Textgattung der Oinographie ein.

Ähnlich wie die Hagiographien aus einem Kanon von elf Topoi[25] montiert wurden, bedienen sich nach ihrer Beobachtung heutige Weinautoren aus einem zwar reduzierten, aber vergleichbaren Formelkatalog von sechs Topoi: nomen, natura, convictus, fortuna, habitus und studium. Mir scheint, sie hat recht. Hätte sie freilich andere Autoren als Referenz herangezogen, so hätte sie festgestellt, dass sich auch Beispiele für weitere Topoi der Hagiographie finden lassen, vor allem für die affectio (die Äußerung seelischer Affekte). Die ließe sich anwenden, wenn der Genuss eines bestimmten Weins im Trinker ein Proust'sches Erlebnis wachruft.

Im Gegensatz zu Dusini, der einen Paradigmenwechsel zu erkennen glaubt vom „alten alchemistischen Erbe des Weins, seiner philosophischen Macht" (Roland Barthes) zu einer rein quantitativen Betrachtungsweise, in der der pekuniäre Wert des Weins letztlich die eigentliche Qualität darstellt, lässt Gmeiner-Jahn eine Alternative zu – und damit die Tür zum Rausch der Erkenntnis offen. „Analog zu dem implizierten Imperativ ‚Nachahmen!' in der Hagiographie", so die Autorin, „könnte hier der Imperativ lauten: ‚Trinken!' oder ‚Kaufen!'." Diese Imperative ließen sich personalisieren: Hamvas oder Parker. In den Texten dieser beiden so unterschiedlichen Weinautoren zeigt sich die ganze Bandbreite der sinnlichen und merkantilen Möglichkeiten.

Aber gleich, ob für eine „Philosophie des Weins“ oder für einen Einkaufsführer – konkret ausgearbeitete Weinbeschreibungen brauchen Zeit. Es gehört mehr dazu als nur eine kryptische Notiz, auch wenn eine solche der emotionale Auslöser für das spätere Panorama sein kann. Für ein tieferes Verständnis, das der Investmentberater ebenso wie der Philosoph benötigt, bedarf es vieler Annäherungen oft über Jahre hinweg. Erst dann kann ein Wein seine Einordnung, seinen Platz in der Ruhmeshalle finden. Spannende Weine haben eine Rezeptionsgeschichte wie ein Gemälde oder eine Oper. Nur wenigen ist es vergönnt, ihre Bedeutung von Anbeginn zu erkennen. So wie nur die erfahrenen Auguren an bestimmten Zeichen erkannten, dass Herakles oder Achilles keine gewöhnlichen Sterblichen waren.

Freilich trägt nicht jeder Wein eine solche Botschaft in sich, besitzt so etwas wie ein Karma, kann sich vor dem inneren Auge mit einer Art Mandala offenbaren. Die meisten Weine haben ganz einfach ihren Platz im Regal, ihren Preis und sonst nichts. Oft genug ist der nicht einmal angemessen angesichts ihrer glatten Oberflächlichkeit und ihrer inneren Leere. Ihre Beschreibung lohnt nicht. Dennoch werden mit solchen Resopal-Weinen die bunten Spalten ganzer Monatshefte gefüllt. Nur – was ist an einer solchen Lektüre noch erbaulich?

Ich kann mich noch an eine Zeit erinnern, als es nur wenige öffentlich publizierte Weinnotizen gab. Weinproben gab es schon. Notizen hat man sich auch gemacht. Aber niemand wollte sie lesen. Wenn sie doch niedergeschrieben wurden, standen sie in einem überlegten Kontext, wurden eingeordnet in Zeit und Raum. Und es waren keineswegs immer Weinautoren, die kundig über Wein schrieben, sondern die Großmeister der Sprache wie Ernst Jünger in seinem Reisebild „Dalmatinischer Aufenthalt“:

> *„Die Reben von Lumbarda*[26] *wurzeln in einem pulverigen, äußerst fruchtbaren Staub. Aus den Feldern erheben sich kleine, weiße Türme, die man zur Zeit der Ernte mit Wächtern besetzt. Die Trauben an den peinlich gepflegten Stöcken waren bereits schwer und mit einem hellgrünen Schimmer bereift. Bald hatte uns der Staub, den unsere Schritte von den tiefer eingeschnittenen Wegen aufwirbelten, die Kehlen ausgedörrt. Nachdem wir noch am Strande auf eine flüchtige Art von*

Sandläufern[27] gejagt hatten, kehrten wir in den Ort zurück, vor dessen Häusern die Frauen mit kleinen Spinnrocken beschäftigt waren, und ließen uns von dem Klange deutscher Studentenlieder leiten, der aus einem großen, weißen Gehöfte herüberdrang. Wir fanden hier Wiener Studenten beim Zechen, während der über den unverhofften Besuch erfreute Wirt unermüdlich große, weithalsige, mit feurigem Grk[28] gefüllte Glasgefäße von der Form, die man in den deutschen Apotheken Maulaffen nennt, aus seinem Keller zutage förderte.

Hier, auf einer breiten, von Orangenbäumen beschatteten Terrasse mit dem Ausblick auf die Weingärten, das Meer und die Inseln, schlossen wir unsere innigste Bekanntschaft mit diesem herrlichen Wein und befanden uns bald in jenem Zustand der unbegrenzten Sympathie, in dem man der Wahrheit der Menschen und Dinge am nächsten ist. Wirkliches Vergnügen bereitete uns ein kroatischer Oberlehrer, der plötzlich an unserem Tische erschien, und dessen Erscheinung sich sehr von unserer mit diesem Titel verknüpften Vorstellung unterschied, denn seine ganze Kleidung bestand nur aus einer Hose und einem zerrissenen Hemd. Der alte Knabe war feurig genug und es war eine Lust, ihm zuzuhören, obwohl uns von seinen Reden nur ein Wort, und zwar der Name eines erschossenen kroatischen Bauernführers, verständlich war. Aber auch ohne diesen uns wohlbekannten Namen hätten wir rein aus seinem Mienenspiel, seinen Gesten und dem Klang seiner Stimme erraten, dass die Freiheit sein Gegenstand war. Der Wein ist das Symbol des Blutes, das den Geist der gefallenen Helden beschwört. Unklar entsann ich mich, dass ich in der Nacht, bevor wir am Waterlooplatze[29] *putschten, in einer kleinen hannoverschen Weinstube auch einen Oberlehrer in ähnlicher Weise von Stein und Scharnhorst hatte sprechen hören, und irgendwie floss das vergangene Erlebnis in das gegenwärtige ein. Wir besitzen ein zweites, feineres und tieferes Gedächtnis, das sich über die Stunden des Rausches wie über eine glühende Kette fortpflanzt, und das während des gewöhnlichen Lebens versinkt."*

Der ungarische Autor Béla Hamvas hat für diese Art der Weinbeschreibung den Begriff „Weinmeditation" geprägt. Solche Andachten erklären Weine aus ihrem Hintergrund und machen sie so dem Leser schmackhaft. Es ist allemal besser, einen Wein wirklich erfasst zu haben, als tausende zu bepunkten.

Weltumspannendes Weinwissen – und dies auch noch mit historischer Tiefe – zu erlangen ist heute angesichts der immensen Vielfalt des ständig Neuen einerseits und der ausgetrunkenen Schätze andererseits nicht mehr möglich. Die Generation der Generalisten ist eine hinscheidende Spezies. Letzte Mohikaner. Hüter des Alten Testaments. René Gabriel hat ihr in

Gestalt von Michael Broadbent in seiner jüngsten Ausgabe von „Bordeaux Total" ein Denkmal gesetzt und den Jüngeren ins Stammbuch geschrieben: „Broadbent ist ein mahnendes Vorbild für jene, die die alten Weine nicht mehr verstehen. [...] Von dieser ungeduldigen Horde gibt es leider allzu viele Spezies in der heutigen Weinszene. Man muss vor Wein keine ausufernde Ehrfurcht haben – Anstand genügt vollkommen."

Und selbst derart erfahrene Trinker stehen beim Verkosten immer wieder vor verschlossenen Türen. Oft erweist sich ein Wein als scheinbar undurchdringliche Mauer. Doch irgendwann bröckelt auch diese. Andere Weine sind wie der schwere Samtvorhang der Oper. Gelegentlich rauscht er in einem Akkord gen Himmel, dann wiederum öffnet er sich nur zögerlich, der Linie eines langsamen Crescendo folgend. Solche Weine können auch wie ein Blitzschlag sein. Manchmal muss man aber mehrere Türen durchschreiten, um in den Raum der sieben Siegel zu gelangen.

In seinem Buch „Die genießerische Vernunft. Die Philosophie des guten Geschmacks" schildert der französische Philosoph Michel Onfray das sprachliche Dilemma, in dem sich dann der *Schreibkoster* befindet: „Natürlich übersteigt die Erfahrung die Worte ebenso wie die Schrift. Sie versetzt ins Jenseits der Wörter, denn die Emotion, wie immer sie beschaffen sein mag, befindet sich stets jenseits von dem, was sie zu umschreiben versucht."

Es ist einige Jahre her, als ich aus Anlass einer umfassenden Verkostung älterer Weine von Bruno Giacosa dessen Barbaresco Santo Stefano di Neive des Jahrgangs 1978 im Glas hatte. Es gab gewiss größere Weine an diesem Tag, aber aus irgendeinem Grund war es eben dieser Wein, der den Dialog mit mir suchte.

Ein Wein, der die Phantasie stimulierte, wild und herausfordernd. Feurig vom Alkohol, strotzend vor Saft, jugendlich frisch trotz seines Alters, mit einer sinnlichen Süße unterlegt, Rauheit und Eleganz verbindend. Provozierend wie die prallen Schenkel von Silvana Mangano im Reisfeld oder das neapolitanische Schandmaul der jungen Loren auf dem Hausboot. Eine Metapher für Nostalgie und Schamlosigkeit!

Eine ganze Serie von Filmbildern kam mir in den Sinn, während ich den Wein kostete, bezeichnenderweise alle in Schwarz-Weiß: Gina Nationale als Esmeralda, die Ekberg im Fontana di Trevi, aber auch die traurigen Augen von Giulia Masina in La Strada. Das waren die Gesichter dieses Tages. Heute würde der Wein mir sicher eine andere Geschichte erzählen. Oder schweigen. Wer weiß das schon.

Solche Weine lösen Bilder aus den Fesseln des Vergessenseins. Mit ihrer Hilfe gelangen wir in das „Versteck der Wahrheit“[30], erkennen für selige Augenblicke den ewigen Wandel der Welt. „Alles hängt mit allem zusammen. Ein Bild wächst aus dem anderen heraus, eine Vorstellung in die andere hinein.“ So Iso Camartin über diese metaphysische Seite der Materie.

Ich nenne solche Weine deshalb Schwellenweine. Es sind Weine des Übergangs. Metamorphosen. Nur nach und nach geben sie ihr Geheimnis preis. Bei jeder Flasche oder jedem neuen Jahrgang erzählen sie eine neue Episode ihres „Schicksalskatalogs“[31], zeigen sie eine weitere der „10000 Masken des Seins“[32]. Erst die letzte Flasche schließt das Bild und löst uns vielleicht das Rätsel. Vertrauen wir auf Hamvas: „Einmal im Leben erscheint der Engel jedem.“

(2005/2007)

Ein Wein nach alter Art

Eine Meditation über den Heimatbegriff im Wein

Das pfälzische Weingut Dr. Bürklin-Wolf in Wachenheim hat erstmals einen biodynamisch erzeugten Wein auf den Markt gebracht. Der heißt „2003 Ruppertsberg Riesling trocken". Ohne VDP-Adler, ohne Prädikat, ohne irgendein Zeichen von Klassifizierung. Gefüllt wurde er nicht in eine der antikgrünen „Renana Vittoria"-Flaschen, überlang und extraschwer, mit der die Winzer das Prestige ihrer Weine heute gerne herausstreichen, sondern in eine rheinische Flöte aus braunem Glas. Eine althergebrachte Form. Das bäuerliche Gewand steht ihm gut.

Dieser Riesling könnte der Anfang einer Revolution sein. Christian von Guradze hätte auch daraufschreiben können „à la ancienne" oder „nach alter Art": so schmeckten Rieslinge von der Mittelhaardt in den Tagen meiner Kindheit. Und folgerichtig hat er auch die lange verpönte Herkunftsbezeichnung „Mittelhaardt" wieder auf die Kapsel geschrieben.

Schon beim ersten Schluck war er präsent, jener unverwechselbare, lang vermisste erdige Geschmack, gepaart mit einer reifen Frucht von Trauben und getrockneten Aprikosen. Er beherrschte die ersten eindrücklichen Weinerlebnisse meiner Jugend mit Jahrgängen wie 1953 und 1959 aus den Gemarkungen Gimmeldingen, Haardt, Mußbach, Ruppertsberg und Deidesheim. Auch ältere Weine aus der Vorkriegszeit, die bei Festtagen gelegentlich auf den Tisch kamen, hatten diesen Grundtenor, wenn auch reifer. Leider habe ich den 1921er-Geburtswein meiner Mutter nie verkosten können; den hatten die französischen Besatzungssoldaten noch vor meiner Zeit geplündert. Ich bin mir aber sicher, dass er ihnen gemundet hat.

Von biodynamischer Weinbergswirtschaft nach den strengen Steiner'schen Regeln halte ich wenig. Aber ich muss zur Kenntnis nehmen, dass viele Winzer, deren Weine ich sehr schätze, darauf schwören: Nicolas Joly, Leflaive, Nikolaihof. Und jetzt auch Christian von Guradze, der vom Hightech-Verkäufer zum Landmann mutierte. Für mich ist diese sich an Mond- und anderen Phasen orientierende Anbaumethode ein von keltischen Druiden und anderen vorzeitlichen Schamanen abgeguckter Spökenkieker-Kram. Aber richtig ist auch: Wer sich so intensiv um seine Weinberge bemüht, der lebt näher mit Herz und Ohr an der Natur als andere Weinbauern. Und da sei den Biodynamikern meinerseits auch das Vergraben von Kuhhörnern im Weinberg nachgesehen.

Die Trauben für diesen Riesling stammen aus einer Parzelle in den Weinbergen des ehemaligen Hofgutes Ruppertsberg. Diese 16,5 Hektar werden mit Pflug und Ackergaul bearbeitet und mit reichlich Mist gedüngt, was im heißen Sommer 2003 wie eine Wunderwaffe gegen das Austrocknen der Böden wirkte. Lediglich 3000 Flaschen gibt es im ersten Jahrgang. Ab Januar 2005 wird über mehrere Jahre das gesamte Weinbergsareal von Bürklin-Wolf auf Biodynamik umgestellt bis hin zu den Grand Crus in Forst. Dies wird auch dort die Expression des Terroirs vertiefen.

Der Boden, auf dem der Wein gewachsen ist, besteht aus Löss und Lehm mit verwittertem rotem und gelbem Buntsandstein. Auch dies ist ein Leitfossil meiner Kindheit. Der Buntsandstein ist in der Pfalz allgegenwärtig. Er entstand im Zeitalter des Perm, als hier Wüstensand unter extremem Druck zusammengepresst wurde. Eingelagerte Eisenoxide gaben ihm die Farbe. Es ist der

Stein, aus dem die Tröge fürs Vieh gehauen sind und die Brunnen der Menschen, die Wingertsteine und die Torbögen der Gehöfte, die Taufbecken und die Grabplatten in den Kirchen, die Mauern der Häuser, der Schlösser, Villen und Burgen. Zu Beginn des zweiten Jahrtausends ließ der Salier Konrad II. aus diesem Material den Kaiserdom von Speyer errichten. Vier deutsche Kaiser, drei Kaiserinnen und vier Könige liegen dort in der Krypta unter dem Dom begraben. Es war damals die größte Kirche des Abendlandes. Sie sollte den Machtanspruch der Dynastie unterstreichen, die die drei Reiche[33] wieder unter einer Krone vereint hatte..

Man kann in der Pfalz nicht leben und nicht sterben ohne mit Sandstein in Berührung zu kommen. Die Bauern des Pfälzer Waldes fluchten über die Felsbrocken in ihren mageren Äckern, aber sie bauten daraus auch die Stützmauern ihrer Gärten und Obstwiesen, befestigten damit die Bachläufe für die Holztrift. Und an der Abbruchkante der bewaldeten Berge, der sogenannten Haardt, verwitterte der Stein zum kargen Urgrund des Weins. Der Stein birgt das Gedächtnis dieser Landschaft in sich, den Marschtritt römischer Legionen, die Wut der aufständischen Bauern, die frommen Gesänge der Mönche, die Gräuel des großen Kriegs[34], der dieses Land im 16. Jahrhundert weithin entvölkerte.

Die Pfalz, verbrannte Erde[35] und doch immer wieder blühendes Land. So wie es auf dem Etikett der Flasche zu sehen ist. Gemalt hat es Heiner Deege, ein Heimatmaler, der in diesem Jahr seinen 85. Geburtstag feiert. An seine Bilder aus den 1960er Jahren kann ich mich deutlich erinnern. Es gehörte zum guten Ton, eines über der Couchgarnitur hängen zu haben. Sie waren greller in den Farben und der Zeit entsprechend etwas aufgeregt im Pinselstrich. Heute trifft er das Licht genau, das milde Licht des hohen Sommers. Die warmen Farben der blühenden Büsche und Wiesen, das satte Wingertgrün. Und er malt es in jenem spielerisch getupften und gedämpften Stil, wie ihn die impressionistischen Maler dieser Landschaft seit den Tagen Slevogts, Dills und Fays pflegen. Er hat sehen gelernt und ich das Schmecken. Falls wir uns nochmals wiedersehen, werden wir uns verstehen. Bei einem Glas Ruppertsberger Riesling.

(2005)

Versprechen und Wirklichkeit

Eine Meditation über die Zeit
und die Vergänglichkeit des Weins

Die Vinothekfüllung des Weingutes Emmerich Knoll in Unterloiben in der Wachau zählt zu den zeitgenössischen Konstanten der österreichischen Weinszene. Sie ist *der* Referenzwein für die Sorte Grüner Veltliner. Und daher scheint es so, als hätte es sie schon immer gegeben. Doch dieser Eindruck täuscht.

Im Laufe von drei Jahrzehnten wurde dieser Wein bislang nur in neun Jahren auf Flasche gefüllt: 1988, 1990, 1992, 1998, 1999, 2000, 2001, 2002 und 2003. Der Wein des Jahrgangs 2004 wird der zehnte sein, der die schmale silberne Papierschleife mit dem Aufdruck „Vinothekfüllung" auf dem moosgrünen Flaschenhals oberhalb des barocken Hauptetiketts tragen wird.

Es gibt zur Vinothekfüllung einen Vorläufer aus dem Jahr 1986, dem Jahr eins nach dem großen Weinskandal, der damals die deutsche und österreichische Weinlandschaft durchrüttelte. Dieser Wein trug noch die Bezeichnung „Honifogl". So nennt der Volksmund dort den Hänfling, einen sich von Hanfkörnern und Weintrauben ernährenden Vogel. Honifogl war der frühere Name für die heutige Wachauer Gebietsmarke Smaragd[36]. Und alle späteren Vinothekfüllungen sind folglich Smaragde.

Auf Einladung des Weinsammlers und -händlers Jan Paulson hatte ich vor einiger Zeit die Gelegenheit, im Kreise von Kollegen alle bisher erschienenen Jahrgänge dieses Weins einmal mehr zu verkosten. Weine, die ich vorher im jungen Stadium und dann zwischendurch immer mal wieder getrunken und, wenn ich mir meine Notizen ansehe, als „noch zu jung" empfunden habe. Das gilt auch für diese Probe, obwohl jeder der Weine auf seine Art und in seiner Phase außerordentlich war. Es scheint, als hole dieser Wein immer wieder aufs Neue Atem für seinen langen Weg durch die Zeit.

Als Klausur für diese andächtige Verkostung diente uns der „Rote Salon" des Kronenschlösschens in Hattenheim. Momente, wie ich sie dort an jenem Morgen durchlebte, sind schwer in Worte zu fassen. Was findet da statt? Es ist eine durchaus mystische Interaktion zwischen präzis forschender Konzentration der Geschmacksinne, eruptiven Empfindungen von Lust und kontemplativem Schweifenlassen der Gedanken. Das hat etwas Entrückendes. Diese aus der Stille des Geschmacks und der Gedanken geborene Ekstase kann sich tief drinnen unhörbar für andere zu Tönen und Worten verdichten. „In einer Klassifikation der schönen Künste würde die Weinprobe problemlos neben der Musik Platz finden", schreibt der französische Philosoph Michel Onfray in seinem Diskurs über die Formen der Zeit.

So gingen mir während der Probe immer wieder Klänge aus dem ersten und dritten Akt des Rosenkavaliers von Richard Strauss durchs Herz und die dazugehörigen Worte durch den Kopf, die Hugo von Hofmannsthal den Protagonisten in den Mund legte: „Wie du warst, wie du bist", himmelt Oktavian zum Auftakt seine geliebte Marie-Theres an. Michel Onfray drückt das bezogen auf den Wein etwas gelehrter aus: „Der Wein ist Hypothese, Versprechen und Wirklichkeit."

Vertikalproben sind immer auch passende Augenblicke, um über das Thema der Zeit nachzudenken, über die Veränderungen, die (nicht nur) ein Wein durchläuft, über Vergänglichkeit, aber auch über Entrückung. Dieses Gefühl, dass die Zeit für einen kurzen Augenblick aufgehoben ist, dass sich die Minuten dehnen zu Äonen, dass man das Gefühl für Zeit und Raum verliert, komplexe Zusammenhänge plötzlich ganz klar werden. Als Glücksgefühl. Ein großer Wein kann dies im Idealfall auslösen.

Und die Vinothekfüllung ist so ein großer Wein. In jedem Jahr der Entstehung und der Reife anders und doch immer gleich. „Die Zeit im Grund, die Zeit, die ändert doch nichts an den Sachen“, meditiert die Marschallin in ihrer Zeitarie im ersten Akt. Ihre Erkenntnis: Man bleibt immer, wer man ist, vom „Mädel, frisch aus dem Kloster“ bis zur „alten Fürstin Resi“. „Das alles ist geheim, so viel geheim. Und man ist dazu da, dass man's ertragt. Und in dem ‚Wie‘, da liegt der ganze Unterschied.“

Doch anders betrachtet gilt auch dieser Satz: Wein ist Zeit; denn die Zeit ist es, die den Wein macht. Mein Winzerfreund Jean Marc Maugey hat das einmal so formuliert. Die Zeit tat dies lange vor unserer Existenz, indem sie über Jahrmillionen die Grundlagen schuf für das, was wir Terroir nennen, den Geschmack der Erde. Der Mensch brauchte Zeit – Jahrzehnte, Jahrhunderte –, das Terroir nach seinem Willen zu formen, die Rebstöcke brauchen Zeit, um alt zu werden und in niedrigen Erträgen nur noch das Beste zu bringen. Der Wein braucht Zeit zum Reifen im Keller, in der Flasche und in den Erinnerungen der Menschen, die ihn genossen haben. Erst dann vollendet er sich. In einer letzten Metamorphose, so Onfray, werden „versammelte Zeiten in ein Gedächtnis“ verwandelt.

Diese Verwandlung begann bei dieser Probe mit dem großen Versprechen des 2003er-Jahrgangs: ein dichter, kraftvoller Wein, opulent, reich und komplex, aber völlig unfertig. Er lässt jedoch schon jetzt ahnen, was in ihm steckt. Oder 1999. Noch so ein schlafender Riese. Eine feine Mineralität durchzieht den ganzen Wein vom Bukett über den Gaumen bis in den Abgang. Sehr schöne Reife. Dörrobst, getrocknete Aprikosen und Feigen. Große Fülle, cremige Konsistenz, alkoholreich, ein barocker Wein. Oder 1988 und 1990, ein ungleiches Geschwisterpaar. Mineralisch und fest der ältere der beiden Weine, cremig und weich der jüngere.

Und am Ende dann der 1986er-Vorläufer. Er nähert sich langsam dem Zeitpunkt der Apotheose, des vielstimmigen sich Verströmens in einer Flut von Akkorden. Sein Bukett beginnt jetzt jene Vielschichtigkeit auszuleben, die einen großen Wein auszeichnet:

Petrol, Kümmel, Anis, Röstaromen von dunkler Brotkruste, Kräuter, Trockenfrüchte. Dabei ist er immer von einer ungebändigten Frische am Gaumen.

Zu dieser praktischen Übung die Theorie von Onfray: „Die punktuelle Zeit und die Zeit der Reifung kulminieren – wie in einer wahren Dialektik, die etwas auf sich hält – im Moment des Verkostens. All die im Laufe der Jahre oder gar Jahrhunderte angehäuften Reichtümer sind mit einem Mal aufgerufen, sich zu zeigen und sich auszudrücken. Die komprimierte, bearbeitete, zur Quintessenz verfeinerte Zeit wird in einer Zeitspanne verbraucht und konsumiert, die im Vergleich zu derjenigen, die voranging, extrem kurz ist: selten länger als zwei oder drei Stunden; denn im Extremfall verliert sich das Wesentliche in einen flüchtigen Wohlgeruch, der allein dem Nichts geopfert wird."

In den Vinothekfüllungen als einer möglichen Quintessenz der Wachau zeigt sich auch, was Zeit konkret für diese Landschaft bedeutet. Es ist ein Land mit Herz und Schmerz, lieblich und heroisch zugleich. Keltische Bauern, römische Legionen, die wilden Reiterhorden der Hunnen und Magyaren zogen hier entlang und hinterließen ihre Spuren. Mehr aber nicht. Erst im 11. und 12. Jahrhundert begannen bayerische und salzburgische Mönche, im „Thal Wachau" die kargen Hänge zu terrassieren und so eine dem Wein gewidmete Kulturlandschaft zu schaffen, gekrönt von der mächtigen Benediktinerabtei des Stiftes Göttweig. Es ist wirklich ein „Nobilis Districtus", wie Leuthold I. von Kuenring dieses Kernstück seiner Besitzungen stolz nannte.

Was haben wir als Kinder für den kühnen Richard Löwenherz geschwärmt, der einer volkstümlichen Überlieferung nach in den Verließen der Burg Dürnstein gefangen gehalten wurde. In verwegenen Knabenkämpfen auf der Gasse haben wir, in Mutters zweckentfremdete Bettlaken gehüllt, für ihn die Holzklingen gekreuzt. Unvergesslich dann die romantischen Bilder von der Fahrt des prächtig geschmückten Staatsdampfers mit der jungen Romy Schneider als künftiger Kaiserin von Österreich im ersten der drei Sissi-Filme. Wir haben in den bescheidenen 1960er Jahren über den kauzigen Hans Moser beim Heurigen geschmunzelt, von der lieblichen Mariandl geträumt und später in hedonistischeren Zeiten bei der Bacherin geschlemmt.

Wer in solch vielschichtigen Traditionen lebt, hält naturgemäß vom Zeitgeist nicht viel – weder beim Design noch beim Wein. Ungeachtet aller modischen Trends ziert denn auch im neuen Jahrtausend ein buntes Votivbild das Etikett der Vinothekfüllung. Es wurde in den 1960er Jahren von Siegfried Stoitzner gemalt und zeigt den heiligen St. Urban, Schutzpatron der Winzer. Das Bestreben von Vater und Sohn Knoll ist es Jahr für Jahr aufs Neue, die Substanz der Rebstöcke in den Loibner Spitzenlagen möglichst unverfälscht als Wein in die Flasche zu bringen, als Abbild des Terroirs und Reflektion des Jahrgangs. Die Vinothekfüllung ist so gesehen ein Wein gegen den Trend. Kein Lagenwein, keine Mikro-Cuvée, sondern eine Komposition und damit im Sinne von Onfray eine „skulpturale Formung der Zeit".

(2005)

Seinsmale

Eine Meditation über den
schöpferischen Geist des Weins

Veni, creator Spiritus
mentes tuorum visita,
imple superna gratia,
quae tu creasti pectora.

Gregorianischer Choral aus dem 9. Jahrhundert

In einer Gesellschaft ohne Manieren verwildern nicht nur die Sitten, sondern auch die Sprache. Aus einem System zivilisierter Verständigung wird ein wirres Wort-Gestrüpp oder, wie Fritz J. Raddatz es formulierte, ein „vokabuläres Gulasch".

Unser Umgang mit Worten scheint mir von der gleichen Ungeniertheit geprägt zu sein, mit der wir heute uns selbst und anderen begegnen. Wir benutzen sie, ohne ihren tieferen Sinn zu respektieren. Was kümmern uns Etymologie und Semantik? Das gesprochene Wort gilt, und zwar so, wie ich es verstehe, nicht wie du es verstehst, und schon gar nicht, wie es geschrieben steht.

Nehmen wir den Begriff der Passion. Wenn einer etwas intensiv sammelt – seien es Briefmarken, Insekten oder teure Weine – dann gilt er als passionierter Sammler. Denjenigen, der jede freie Stunde dazu nutzt, auf die Pirsch zu gehen, bezeichnet man als passionierten Jäger. Natürlich kann man einem Hobby manisch und damit krankhaft frönen, aber unter dieser Form der Leidenschaft leidet allenfalls die Umgebung des Verursachers, nicht er selbst.

Passion ist etwas anderes. Sie ist Schmerz und Leid, sie ist Not, Hingabe und Hoffnung zugleich. Sie mag getragen sein von unendlicher Liebe. Aber eins ist sie gewiss nicht: schön wie bunte Bildchen oder lustig wie eine Hatz. Zur heroischen Leidenschaft wird sie erst, wenn der große Jäger selbst der Göttin anheim fällt[37]. Nur – welcher unserer heutigen Jäger ist bereit, Diana dieses Opfer zu bringen?

Passion ist der Christus am Kreuz, das ist der Feuerbringer Prometheus, das sind Orpheus und Dionysos, das ist Giordano Bruno auf dem Campo de' Fiori oder meinetwegen auch Don Giovanni, dessen ewiges Liebesleid mit einer flammenden Höllenfahrt endet.

Passion ist rigoros und entschieden, aber sie ist auch erhaben, besitzt Würde selbst in der Erniedrigung. Was hat das mit Wein zu tun? Mit den Brot- und Butterweinen, die die Regale der Supermärkte bevölkern? Nichts. Mit den leidenschaftlichen, den erratischen Wein-Charakteren dieser Welt sehr viel.

Nach „Heimat" und „Zeit" scheint mir „Passion" der dritte zentrale Begriff zu sein, mit dem sich definieren lässt, was wir als Terroir bezeichnen und was gemeinhin als „Geschmack der Erde" übersetzt wird. Es ist dies eine dem Wein innewohnende Speicherung von Natur- und Willenskräften. Der Mensch, in der Person des Winzers, hat sie gebündelt und als Geist des Weins in die Flasche gebannt.

Wir, die Trinker, befinden uns beim Öffnen der Flasche in der Rolle Aladins. Ihr Inhalt kann zum Gipfel der Lust führen, zur Befreiung der Gedanken, aber auch zur Katastrophe. Der Geist des Weins ist dienstbar. Aber er ist auch ein Dämon. Ihn zu beherrschen, will gelernt sein. Das gilt für uns, die wir leicht seine Opfer werden, aber auch für den Winzer, wenn er sich zu den Bezwingern des Genius gesellen will.

Oft bin ich Hunderte, Tausende von Kilometern gereist, nur um einem einzigen dieser Weine zu begegnen, seinem Schöpfer in die Augen zu sehen, den Druck seiner schwieligen Hände zu spüren, wortkarg zu kosten; denn große Redner sind die wenigsten dieser Macher. Sie sind eher demütige Dulder und Diener ihres Weins. Geschwätzige Winzer produzieren meist ebensolche Weine.

Und fast immer stieß ich dort auch auf karges Land, die *dry lands* bei Wellington in Südafrika, das scharfkantige Vulkangeröll von Pantelleria, die steilen Schieferhalden der Mosel oder den hitzigen Hügel von Ograda, über den der „Creator Spiritus“ wacht und herrscht. So nennt sich der Wiener Künstler Wolfgang Ernst, seit er vor einigen Jahren in die Rolle des Winzers schlüpfte.

Seit Ende der 1990er Jahre lebt und arbeitet er in Istrien. Auf einem Hügel hoch über dem grünen Tal der Mirna hat er in einem alten Bauernhaus sein Atelier eingerichtet und im nahe gelegenen Dorf eine Wein-Bereitungsstätte.

Zu dem Anwesen, das er als Domizil für sich und seine Frau Waltraud erwarb, gehören auch zwei sehr alte Weinberge, zwei Hektar in den Spitzenlagen Ograda und Kortina mit über 40 Jahre alten Rebstöcken der Sorten Malvasia und Teran. Die Ernsts bewirtschaften sie biodynamisch mit höchstem Respekt vor der Natur. Dem Lauf der Jahreszeiten und Gestirne folgen, dem Wind und dem Regen lauschen, die Luft atmen, mit den Pflanzen sprechen – das sind für die beiden keine Fragen von Poesie oder gar Winzerlatein, sondern einer Verknüpfung der eigenen Existenz mit der Natur, der Versuch, mit dem Land zu verschmelzen, Teil des Terroirs zu werden.

Wenn es um fachlichen Rat ging, stand ihnen anfangs der befreundete friulanische Winzer Josko Gravner zur Seite. Inzwischen haben die Ernsts ihre eigene Linie gefunden, abseits des Hauptstroms.

Vor allem die Reservas, die *drüber* der Straße im Dorf im ebenerdigen *chais* in ihren Barriques aus slawonischer Eiche reifen, demonstrieren eindrücklich, welch gewaltiges mineralisches Potenzial in diesen Karstböden schlummert, das man mit entsprechend sorgfältiger Arbeit im Weinberg und niedrigen Erträgen schmeckbar machen kann.

Ernst hat sich in seiner bildnerischen Karriere stets dem Kunstbetrieb verweigert. Warum sollte er es mit der Weinszene anders halten? Und so liegt er mit den Weinbürokraten in Zagreb in einer Dauerfehde. Sie machen ihm das Leben schwer, wo und wie sie nur können. 2005 erklärten sie alle seine Wein für fehlerhaft und nicht verkehrsfähig. Am liebsten würde ihn die oberste Weinhüterin Kroatiens, Ivana Alpeza, wohl mit einem Vinifizierungsverbot belegen.

Normalerweise sind Malvasias aus Kroatien, aus Slowenien oder aus dem italienischen Friaul Weißweine, die kaum älter als drei, vier Jahre werden können. Und so ist es kein Wunder, dass der Horizont der lokalen Winzer und ihrer Funktionäre nicht weiter reicht. Bei den Weinen von Wolfgang Ernst ist das anders. Sie beginnen dann erst richtig aufzublühen, wenn die anderen sich anschicken, zu sterben. Dafür sind sie in der Jugend umso schwieriger und spannender.

Als ich den Weinen des Creator Spiritus zum ersten Mal begegnet bin, im apokalyptischen Sommer 2003, hatten sie zunächst eine verstörende Wirkung auf mich. 30 Jahre intensive Beschäftigung mit Wein reichten nicht aus, um einer merkwürdigen Verunsicherung zu entgehen, die der erste Schluck auslöste. Und so war es ein langes Ringen um die Wahrheit. Stundenlang haben wir in Ernsts Wohnküche gesessen, immer wieder das Glas aus der Karaffe nachgefüllt. Wir haben die Weine einen Tag, zwei Tage offen stehen lassen. Dem Geist der Flasche Zeit gelassen, wieder zum Leben zu erwachen. Er kam zögerlich, rauchig, mineralisch, sehr ernst, salzig und mit komplexen Kräuternoten.

Heute beim Rekapitulieren dieser Notizen habe ich nochmals eine Flasche geöffnet. Die Nase hat noch an mineralischer Würze zugelegt und gewonnen. Der Wein kommt mir jetzt von Anfang an so entgegen, wie er sich vor vier Jahren erst nach einem Tag in der Karaffe präsentierte. Er besitzt jene spannende Öligkeit und Salzigkeit, die Nuancen von Jod und Laugenteig, die einen großen Wein signalisieren, jene konzentrierte und dennoch verhaltene Süße von Dörrapfel und Trockenaprikosen und die orientalische Würze eines Chutneys mit Ingwer. Da passte von Beginn an alles zusammen und steigerte sich zu einer schon burgundischen Dichte der Mineralnoten.

Auf diesen Wein passen die Worte, mit denen Béla Hamvas den Schomlauer beschrieb: ein „[…] solarer, baritonstimmiger, doch symphonischer, blonder, männlicher Wein, der das Öl der höchsten schöpferischen Spiritualität enthält, und zwar […] in einzigartiger, konzentrierter Reinheit."

Auch die Flaschen dieses Weins ziert Kunst. Keine impressionistische Heimatmalerei wie den Ruppertsberger Riesling, keine katholische Heiligenverehrung wie bei den Knolls. Sondern ein Werk des Winzer-

Künstlers. Drei schlichte rote Kreuze in der bekannten Anordnung, die als Erstes die Assoziation an Golgatha, den Kalvarienberg, weckt. Wer das künstlerische Schaffen von Wolfgang Ernst kennt, weiß, dass diese Deutung zu vordergründig wäre. Wer sich näher mit seinem radikalen Werk beschäftigt, stößt immer wieder in verschiedenen Zusammenhängen auf das Kreuzsymbol. Es taucht als Chiffre häufig auf, etwa in seinen Sade-Illustrationen, im Zyklus „Hiroshima" oder in der an die Tradition mittelalterlicher Fastentücher[38] anknüpfenden Installation „Kreuzmeditation" für die Sankt-Johannes-Nepomuk-Kapelle nächst der Volksoper in Wien.

Ihren Ursprung haben diese Passionssymbole bei Ernst aber im Fadenkreuz jenes B-29-Bombers namens Enola Gay, von dem aus am 6. August 1945 über der japanischen Stadt Hiroshima die erste Atombombe abgeworfen wurde. Die drei Kreuze auf dem Etikett sind für Wolfgang Ernst das Fadenkreuz des Seins. Seinsmale. Und seine Weine sind Seinsextrakt, die sein Genius, kompromisslos ergeben, dem Land abringt.

(2005)

Eine Stringtheorie des Weins

Überlegungen zwischen Getränketechnik und Metaphysik

Die Zeit, die ist ein sonderbar Ding.
Wenn man so hinlebt, ist sie rein gar nichts.
Aber dann auf einmal, da spürt man nichts als sie.
Sie ist um uns herum, sie ist auch in uns drinnen.

Hugo von Hofmannsthal, Der Rosenkavalier

Opas Riesling ist tot, es lebe König Riesling. Schenkt man den offiziellen deutschen Weinwerbern Glauben, gewinnt man den Eindruck, der deutsche Wein, insbesondere der Riesling, sei tatsächlich einzig unter den Weinen, weltweit obenauf und seine Vermarktung ein vorbildliches Erfolgskonzept. Doch das ist nicht der Fall. Wie so oft klaffen auch hier die Realität und ihre mediale Wahrnehmung weit auseinander.

Es sind nach wie vor die anderen, die Rekordpreise erzielen und die Weinkarten der Welt füllen: Boutiqueweine aus Übersee, Spanier und Italiener, Burgunder und immer wieder die Weine aus Bordeaux. Gewiss haben deutsche Weine in einigen Metropolen der USA und in Fernost Boden gutgemacht, aber man betrachte eine beliebige Weinkarte eines Sterne-Restaurants in Frankreich, Italien, Spanien oder der In-Spots von Moskau, Rio, Mumbay oder Toronto: Deutsche Weine sind dort fast nie vertreten.

Sieht man von den limitierten kleinen Mengen edelsüßer Auktionsweine ab, die seit vielen Jahren einen stabilen Markt auf höchstem Niveau haben, dann ist es bislang nicht einem deutschen Wein gelungen, in die Riege der Icons[39] vorzustoßen, also einen Release-Preis von mindestens 100 Euro am Markt zu realisieren. Selbst die besten *Ersten Gewächse* des Verbandes deutscher Prädikatsweingüter (VDP) haben dies bislang nicht geschafft. Sie verharren bei maximal 50 Euro, und nicht wenige Erzeuger haben schon Mühe, den für diese VDP-Kategorie verlangten Mindestpreis von 15 Euro zu erhalten.

Das sind doch keine schlechten Kurse, ließe sich einwenden. Doch sollte man bedenken, dass in Bordeaux gerade die nächste Runde eingeläutet wurde und die Premiers Preise verlangen wie zu Kaisers Zeiten (ich meine damit Napoleon III. und die Belle Époque). Der deutsche Riesling ist davon meilenweit entfernt. Philippine de Rothschild hat einmal gesagt: Es ist ganz einfach, einen Icon-Wein zu machen. Mit Ausnahme der ersten 200 Jahre.

Nur etwas mehr als 20 Jahre ist es her, dass 1986 ein kleines Büchlein von mir erschienen ist, bescheiden in der Aufmachung, aber mit einem höchst anspruchsvollen Titel: „Deutsche Spitzenweingüter – Klassifikation von 1985".

Damals hat es viel Aufregung um diese Publikation gegeben. Die ihr zugrunde liegende Liste – eine Bestandsaufnahmen der deutschen Qualitätsbetriebe jener Zeit – war bereits zwei Jahre vorher entstanden und in den Jahren 1984 und 1985 in diversen Zeitschriften abgedruckt worden. Sie markierte das Ende jener unseligen Periode der deutschen Weinwirtschaft, die vom 1971er-Weingesetz und den großen Weinskandalen der 1970er und 1980er Jahre geprägt waren. Ich habe damals in einem Interview mit dem „Wine Spectator" gesagt, dass es sicher 15 bis 20 Jahre dauern werde, ehe die dadurch angestoßene Klassifikations-Debatte erste greifbare Ergebnisse zeigen würde. Dies hat sich bestätigt.

Nun sind 20 Jahre nach biblischer Sicht nicht mal ansatzweise ein Tag, aber im Leben eines Menschen doch eine ordentliche Zeitspanne und damit bin ich bei dem Begriff angelangt, der im Zentrum dieser Überlegungen steht. Es ist dies die Zeit.

Manchmal habe ich den Eindruck, als hätte Michael Ende sein Buch von Momo und den Zeitdieben nie geschrieben. Oder niemand habe es gelesen, geschweige denn es sich zu Herzen genommen. Und ich frage mich immer wieder, warum ausgerechnet so viele Winzer sich die Zeit bereitwillig stehlen lassen. Ist sie doch ihr mächtigster Verbündeter.

Mein Freund Jean-Marc Maugey, ein engagierter Winzer in Bordeaux, der im tiefsten „Entre deux mers" ganz gegen die Mode unverdrossen Weine nach alter Art macht, also sie mit den Stielen vergären lässt, hat einmal gesagt: „Le vin c'est le temps, parsque c'est le temps qui fait le vin." Wein ist Zeit; denn die Zeit ist es, die den Wein macht.

Ein Gedanke, der uns leider fremd geworden ist. Die Devise, nach der die meisten von uns leben, lautet: „Time is money." Zeit wird mit Geld gleichgesetzt. Mit Zeit hat man zu geizen und nicht mit ihr zu wuchern oder sie gar auszuleben in Muße und Kontemplation. Doch es werden andere Zeiten kommen.

Dann wird man vielleicht solche in der Tradition verwurzelte Typen wie Maugey als das erkennen, was sie sind: die wahre Avantgarde dieses Jahrhunderts.

Welcher unserer heutigen Winzer gönnt dem Wein noch den dritten Winter im Fass und das vierte Jahr in der Flasche? So wie früher üblich, als die Zeiten noch wirklich golden waren, nicht nur Bordeaux-Weine, sondern auch Rieslinge von Rhein und Saar zu den begehrtesten Luxusgetränken der mondänen Welt gehörten?

Heute ist der Wein ein Gegenstand der Getränketechnologie geworden. Auch für die meisten unter denen, die sich der Tradition verbunden fühlen. Wer möchte schon auf den Edelstahltank verzichten oder auf die pneumatische Presse? Kaum ein Winzer, den ich kenne. Alles muss schnell und geordnet gehen, sauber und mit Präzision. Da ist keine Zeit für Widerspenstigkeit. Man unterwirft sich dem Diktat des Marktes, den Wünschen der Händler, der Konsumenten und auch der Journalisten. Jeder will der Erste sein – beim Verkosten wie beim Füllen.

Es kursieren Denkschriften und Manifeste. Einige Politiker ließen sich dazu verleiten, nach einem Reinheitsgebot ähnlich dem für Bier zu rufen. Eine Charta für traditionell hergestellten Wein – die wäre schnell formuliert. Ich stelle sie mir so vor:

Handgelesen in Weinbergen, die naturnah bewirtschaftet wurden, nicht bewässert, ohne Herbizide und Insektizide, Fungizide nur im äußersten Notfall, im Holz-Bottich gemaischt, korbgepresst oder baumgekeltert, im jeweils für die Region traditionellen Fasstyp spontan vergoren und auf der Feinhefe ausgebaut. So wenig wie möglich bewegt und abgezogen, völlig durchgegoren und möglichst ohne Schönung (wenn überhaupt, dann nur durch natürliche Mittel wie Eiweiß oder Hausenblase[40]) nach natürlicher Stabilisierung unfiltriert gefüllt.

Es braucht mithin nicht viel, um einen Wein nach alter Art zu machen, außer eben: Zeit. Und noch Stein, Holz, Glas, ein wenig Eisen. Das ist an Materialien eigentlich schon alles. Und als Kräfte Luft, Licht, Gravitation und Liebe. Alles andere ist streng genommen Techno im Wein. Nur – wer will diesen Sprung zurück tatsächlich machen? In die Zeit ohne Edelstahl, Elektrizität und Weinbergschlepper? Im Ernst doch niemand.

Darum geht es auch gar nicht. Stattdessen existiert eine unheilige Allianz aus Winzern und Getränkeproduzenten, die einige in Übersee eingesetzte Methoden stigmatisieren und ihre eigenen Techno-Weine als „traditionell“ etikettieren wollen.

Dies hielte ich für einen Fall von Verbrauchertäuschung. Man würde allenfalls zwischen High- und Lowtech unterscheiden, zwischen aktueller und alter Technologie. Denn was tun wir in Deutschland schon seit den 1930er Jahren? Mithilfe von Kälte, Schwefel, Kohlensäure und der EK-Filtertechnik[41] produzieren wir massenhaft restsüße Weine als preiswerte und schnelle Imitate der früheren feinen und hochfeinen Auslesen. Diese kamen erst nach einer Lagerzeit von zwei bis vier Jahren auf den Markt, wenn sie ihre Stabilität auf natürliche Weise erreicht hatten, und sie erzielten deshalb auch zu Recht sehr hohe Preise. Die modernen restsüßen Turbo-Kabinette und Techno-Spätlesen bekommen diese Preise nicht. Der Markt ist da hart, aber gerecht. Für schnelle Produkte gibt es kleines Geld. Spitzenpreise erzielt nur, wer den langen Atem hat, auf Langlebigkeit und Nachhaltigkeit setzt.

Welche grundsätzliche Bedeutung dem Faktor Zeit für den Wein zukommt, wird deutlich, wenn man ihn verknüpft mit einem anderen Begriff, der seit geraumer Zeit in vieler Mund ist, den aber kaum jemand wirklich verstanden hat. Ich meine den Begriff des Terroirs. Er wird inflationär gebraucht und oftmals auch leichtfertig reduziert auf die geomorphologischen und kleinklimatischen Bedingungen des Weinberges.

Folgt man dieser Definition, dann fehlt nicht viel zur Vorstellung, dass man solche Terroir-Weine auch im Labor wird herstellen können. So wie es Enzyme und Hefen gibt, die Aprikosen-, Pfirsich- oder Grapefruitaromen im Wein produzieren, die den Paprikaton des Cabernet verstärken (wozu eigentlich, er ist doch auch so schon oft störend genug?), könnte man auf diesem Weg ganz sicher auch den Flintton von Sancerre imitieren, eine typische Petrolnote von der Mosel oder einen fränkischen Keupergeschmack. Diese sehr eindeutig zuzuordnenden Nuancen können in der Tat auch Bausteine des Terroirs sein, aber sie sind es niemals allein. Zum Terroir gehört die Kultur.

Douglas R. Hofstadter hat in seinem Buch „Gödel Escher Bach“ ein treffendes Bild für derartige Zusammenhänge gefunden: die Musikbox.

Man stelle sich vor, eine Schallplatte mit Musik von Bach oder John Cage würde auf eine kosmische Reise geschickt und die Scheibe würde von einer fremden Spezies irgendwo im All gefunden – und diese käme auf die Idee, der angemessene Mechanismus für die Übersetzung der Platte sei eine Maschine, die die Rillenmuster in Töne verwandelt. Damit würden zwar dann möglicherweise auch Töne erzeugt, aber nicht die Botschaft der Musik entziffert. Dies wäre erst der

Fall, wenn es gelänge, in ihren Gehirnen gewisse Strukturen zu aktivieren, die emotionale Effekte analog zu denen hervorriefen, die wir beim Hören des Stückes erfahren.

Eine Platte mit der Musik von John Cage, so Hofstadter, hat „an sich keine ihr innewohnende Bedeutung". Nur für einen solchen Hörer habe sie das, der „mit der Kultur des Westens und des Ostens und besonders den Trends in der westlichen Musik während der letzten Jahrzehnte genügend vertraut ist". Ein solcher Hörer (in unserem Fall: Trinker; denn mir scheint dies alles auch auf den Wein zuzutreffen) sei wie eine Musikbox. Zunächst ist die Bedeutung größtenteils im Hörer enthalten; die Musik dient nur als Auslöser. Und diese Musikbox ist keineswegs – wie die reine Intelligenz – universal, sie ist in hohem Maße an die Erde gebunden und hängt von spezifischen Geschehnisketten auf der ganzen Erde während langer, langer Zeitspannen ab. Die Hoffnung, dass die Musik von John Cage von anderen Zivilisationen verstanden werden wird, ist ähnlich flüchtig wie die, dass unsere Lieblingsmelodie in einer Musikbox auf dem Mars die gleichen Code-Knöpfe haben wird wie in den Bars von Sansibar.

Jeder, der schon mal erlebt hat, dass die Flasche des tollen Urlaubsweins, der abends auf der Terrasse für so viel gute Laune gesorgt hat, zu Hause nicht mal als flüssige Postkarte taugt, weiß, was gemeint ist.

Umgekehrt kann man auch den edelsten Champagner gedankenlos wie prickelnde Limonade trinken oder Mouton mit Eiswürfel. Der Unterschied zwischen Wasser und Wein liegt nicht nur im Alkoholgehalt und im Geschmack, sondern in der Botschaft – um diese handelt es sich nämlich beim Terroir und um nichts anderes. Erst sie macht aus einem weißen Wein der Rebsorte Chardonnay einen Montrachet oder aus einem roten Merlot einen Pétrus. Diese Botschaft wird nur für den zur erfahrbaren Realität, bei dem sie die entsprechenden emotionalen Effekte auslöst, weil er über einen adäquaten kulturellen Hintergrund verfügt. Auf andere wirkt der gleiche Wein nichtssagend oder sogar verstörend.

In seinem tiefsten Ursprung ist Terroir nur dann möglich, wenn sich über Jahrmillionen eine Situation herausgebildet hat, die für eine bestimmte Pflanze und ihre kulturelle Erziehung spezifische Voraussetzungen bereithält. Sandige Geestböden für Spargel, ehemalige Moore für Speisekartoffeln oder die Hänge von Schiefergebirgen für Riesling-Reben. Aber da beginnt es auch schon. Irgendwann muss der Mensch kommen und die Geestdünen so befestigen, dass sie nicht wegwehen, die Moore trockenlegen, sonst verfaulen die Kartoffeln, und die Hänge terrassieren, damit man darin arbeiten kann.

Das bedeutet aber in der Konsequenz: Terroir ist, wenn schon Landschaft, dann gestaltete Landschaft, Terroir ist *hortus*, nicht *natura*.

Und was hat der Mensch für Möglichkeiten! Er kann den mineralischen Gehalt des Bodens durch Steindüngung verbessern. Durch Drainage und Humusbildung kann er die Fähigkeit der Wasserspeicherung beeinflussen, durch Steine oder durch Gründüngung die Oberfläche verändern. Er kann durch Bäume Windschatten herstellen. Er kann wie im Falle von Haut-Brion und La Mission Haut-Brion eine ganze Stadt um die Weinberge bauen, so dass diese ein völlig eigenständiges Mikroklima bekommen. Er kann, wie am Kaiserstuhl geschehen, durch großräumiges Zusammenschieben von Terrassen mit Bulldozern ein Terroir auf Generationen hin zerstören. Er kann Böden so verdichten, dass die Pflanzen vor lauter Stress stöhnen und sich die Blätter schon im Sommer gelb verfärben.

Er kann Terroir schaffen und zerstören. Bestes Beispiel ist der Clos Vougeot, jene mächtige Weinberganlage der Zisterzienser im Norden der Bourgogne.

Einst war das Macchie, dürre Hecken, Steine, Steppenlandschaft, unnütz, zu trocken, unfruchtbar. Erst die Mönche erkannten die spezielle Eignung und sie wussten die leichte, aber immerhin vorhandene Hangneigung auszunutzen, um einen riesigen von einer Mauer umgebenen dreistufigen Weinberg zu errichten mit Unterfeld, Hang und Oberfeld.

Diese Kultivierungsart haben sie und ihre Epigonen dann jahrhundertelang weltweit immer und immer wieder eingesetzt. Der Steinberg im Rheingau ist so ein Beispiel. Der Dézaley am Genfer See, die Terrassen von Jois am Neusiedlersee, die Terrassen am Schomlauer Berg in Ungarn. Die meisten großen alten Anlagen entlang des Rheins wurden so gestaltet: Unterfeld, mittlerer Hang und oberer Hang. Die Versuchung, auch auf den Äckern der Plateaus und den Flussniederungen Wein zu machen, blieb unserer Zeit vorbehalten, die die Demokratie auch im Weinberg einführen wollte und dabei eine Grundregel außer Acht ließ: Weinberge sind immer hierarchisch gegliedert und große Weine sind tief, niemals linear.

Die in diesem Sinne radikalste Auseinandersetzung mit dem Begriff des Terroirs findet sich in den Schriften des französischen Philosophen Michel Onfray. Dieser erläutert ihn am Beispiel des Sauternes, speziell

Château d'Yquem. Er sieht in diesem Begriff eine Art Gedächtnis im Wein, historisch und metaphysisch zugleich, eine Form der Zeit. Einerseits gebunden an den Ort der Erzeugung, seine ganze Geschichte zurück bis an den Anbeginn der Zeiten, andererseits an das kulturelle Umfeld seines Erzeugers und letztlich auch desjenigen, der den Wein trinkt; denn erst in diesem letzten Moment des Verschwindens offenbart sich das Terroir.

Die Frage an uns, die Wein-Musikboxen, lautet: Wie viel Verständnis des Kontextes ist nötig, um diese „message in the bottle" wiederherzustellen und zu verstehen?

So wie die Musik „drei strukturelle Hauptdimensionen" (Hofstadter) hat, nämlich Melodie, Harmonie und Rhythmus, definieren wir Wein gemeinhin über drei strukturelle Sinnesinformationen: Farbe, Geruch und Geschmack. Schon die antiken Autoren kannten diesen Dreiklang *color, odor, sapor*. Die Abkürzung COS galt bis ins hohe Mittelalter als Qualitätssignet für die Reinheit des Weines. Aber dieses System ist natürlich zu einfach.

Wir können Musik nicht nur singen, hören oder zu ihr tanzen, Wein nicht nur sehen, schmecken und riechen. Wir können beide auch körperlich fühlen: Wein ist auch ein Stoff, hat Körper, Musik ist auch Schwingung, die sich durch die Vibration der Luft auf unseren Körper überträgt. Denken wir nur an Grönemeyers taubes Mädchen, das Musik nur hört, wenn sie laut ist. So ist auch der Körper des Weins, sein Gewicht auf der Zunge, seine Leichtigkeit am Gaumen ein Kriterium.

Wir können beide auch empfinden. Musik wie Wein können uns auf einer emotionalen Ebene ansprechen, Erinnerungen in uns wachrufen. Und wir können sie entschlüsseln – und damit verstehen. Das ist das Schwierigste. Bei der Musik helfen uns die Noten, die Partituren. Musik hat eine Grammatik, und sie hat eine Mathematik. Die Mathematik des Weins muss erst noch gefunden werden. Aber ich bin mir sicher, es gibt sie.

Ein sprachliches Problem, mit dem wir Weinschreiber uns tagtäglich herumschlagen müssen, besteht darin, dass wir für Geschmack und Geruch kein originäres Vokabular haben, sondern meist zu Assoziationen und Metaphern greifen müssen. Wir unterscheiden süß, sauer, salzig und das ominöse *umami*[42] der Japaner. Es gibt ein paar Begriffe mehr wie rauchig, muffig oder mild. Doch das Wortrepertoire dafür bleibt spärlich und unscharf.

Je einfacher ein Wein daherkommt, je plakativer, desto leichter ist er zu erfassen, desto mehr Menschen werden ihn verstehen. Je komplexer, vielschichtiger er ist, je tiefer in der vergangenen wie in der zukünftigen Zeit verankert, desto weniger Freunde wird er finden.

Vielleicht fürchten deshalb viele Winzer das Walten der Natur, das freie, spontane Spiel der Kräfte so sehr. Vor allem das der Hefen, des Sauerstoffs und der Temperatur bei der alkoholischen Gärung, aber auch das Wechselspiel der Säuren bei der zweiten, der malolaktischen Gärung oder ihren Umbau und das „Schmelzen" der Tannine durch die Mikrooxidation. So greifen sie zu allerlei Hilfs- und Hexenmittelchen, zu Zauberpülverchen und -glibber, die die Spezialisten der Biotechnologie für sie bereithalten und die so verräterische Namen tragen wie Vita drive, Flota-Gel oder Fermicru. Sie benutzen Blockbuster-Hefen, die auch bei 16% Vol. Alkohol nicht kapitulieren. Sie düngen den angehenden Wein regelrecht, damit diese in dem scharf vorgeklärten Most, den man vorsichtshalber all seines Lebens beraubt hat, genügend Nahrung für ein emsiges Arbeiten finden. Wohlgemerkt: Ich rede nicht von der drohenden Kunstweinbereitung, sondern vom ganz alltäglichen Kellerwahnsinn an Rhein, Main und Donau.

Natürlich ist jeder Winzer auch ein ganz normaler, arbeitender Mensch mit einem Anrecht auf Feierabend und Ferien, aber einige der tüchtigsten und besten Winzer, die ich kenne, schlafen zum Leidwesen ihrer Frauen in kritischen Nächten bei den Fässern. Für sie ist der Keller so etwas wie der Kreißsaal, in dem ihre Kinder geboren werden.

Jeder Winzer steht an einem ganz bestimmten Punkt einer langen horizontalen Zeitreihe, ist vorläufiger Endpunkt einer „spezifischen Geschehenskette", die zurückreicht bis zum Anbeginn der Zeit. In einem normalen Winzerleben bleiben dem Weinmacher 30, 40, wenn es hochkommt 50 Versuche, sein Verständnis, sein Wissen, seine Zeit in Wein zum Ausdruck zu bringen. Mehr nicht. Es ist nur ein Augenblick, ein Lidschlag im Vergleich zur Ewigkeit oder auch nur zur Lebenszeit unseres Planeten.

Ich will versuchen, dies an einem konkreten Beispiel zu erläutern. Im Juni 2006 präsentierte das Weingut Nikolaihof im österreichischen Mautern einen Wein des Jahrgangs 1991. Dieser Grüne Veltliner aus der Lage „im Weingebirge" war 15 Jahre in einem großen, 3000 Liter fassenden Holzfass ausgebaut worden. Der Wein zeigte einerseits eine komplexe Aromenstruktur, wie nur reife Weine sie entwickeln können.

Zum anderen wirkte er aber in keiner Weise alt, sondern noch immer frisch und entwicklungsfähig für weitere 15, 20 Jahre. Als die Trauben für diesen Wein geerntet wurden, war der heutige Inhaber des Betriebes Nikolaus Saahs jun. ein Bub von elf Jahren. Vor einem Jahr hat er den Familienbetrieb vom Vater übernommen, der ihn seit 1962 geleitet hatte. An und für sich kein besonders weltbewegender Vorgang. Oder vielleicht doch?

Das sind zunächst einmal fünf Zeitfäden unterschiedlicher Länge, die von 1942 (Geburtsjahr des Vaters), 1980 (Geburtsjahr des Sohnes), 1962 (Betriebsübernahme durch den Vater), 1991 (Produktion des Weins) und 2005 (Generationswechsel) auf das Jahr 2006 hinlaufen. Doch das ist nicht alles. Ein anderer Zeitfaden reicht zurück bis in das Jahr 1894. Damals übernahm die Familie das Weingut. Es gilt als das älteste in Österreich. Diese Linie wiederum reicht zurück bis 777, als das Gut erstmals als Besitz der Kirche erwähnt wird.

Der Name „im Weingebirge" ist noch älter. Seine Geschichte beginnt im fünften Jahrhundert. Damals – so berichtet die „Vita Sancta Severini" – habe sich der heilige Severin in eine Klause „burgum ad vineas" zurückgezogen, die sich 1,5 römische Meilen südlich von Mautern, das damals Favianis hieß, an der Römerstraße befunden habe. Aus dieser ältesten überlieferten Riedenbezeichnung Mitteleuropas wurde später „im Weingebirge".

Der Boden besteht hier aus dem für die Region typischen Konglomerat von Urgesteinsverwitterung – Granit, Gneis, Glimmer. Diese Gesteine verdanken ihre Existenz einem Ereignis in der Frühzeit unseres Planeten, das Geologen die Kaledonische Metamorphose nennen. Die ereignete sich im Präkambrium vor rund 800 bis 1000 Millionen Jahren. Damals verwandelte sich der vulkanische Granit in Gneis. Doch erst als die Donau Millionen Jahr später sich einen Weg durch diese uralten Gesteinsformationen bahnte, als die letzten Eiszeiten die Flusslandschaft formten, die sich bei Mautern trichterförmig zum Wiener Becken und damit zum pannonischen Klima öffnet, entstanden die Voraussetzungen für jene mittlerweile mehr als 1000 Jahre alte und einzigartige Weinkultur der Wachau, die sich unter anderem im Nikolaihof und seinen Weinen manifestiert.

Dort – und auch dies ist eine weit zurückreichende Wein-Zeit-Linie – wurde vor mehr als drei Jahrhunderten, so um das Jahr 1720, der ehemalige bischöfliche Wirtschaftshof umgebaut und dabei über den

Grundmauern der antiken römischen Unterkirche ein böhmischer Gewölbekeller aufgemauert. Gleichzeitig wurde eine gewaltige Baumkelter konstruiert, die bis heute intakt geblieben ist. 2005 wurde diese von Nikolaus Saahs jun. restauriert und wieder in Betrieb genommen. Das Ergebnis einer ersten Experimentalpressung ruht bereits im Fass. Mit dem Jahrgang 2006 will er beginnen, möglichst viele Weine der jeweiligen Ernte auf diese mühsame, aber meditative und für die Trauben schonende Art zu pressen, darunter auch einen Wein der Lage „im Weingebirge".

So schließt sich der Kreis, oder wie Hofstadter sagen würde, die Endlosschleife. Man könnte nun noch tiefer in die Landschaft, in die Personen, in die Geschichte eindringen und man würde mehr und immer feinere Strings dieser Art finden. Sie sind es, die jenseits der physikalisch und chemisch fassbaren Phänomene die metaphysische Textur des Terroirs bilden.

Die vertikale Säule einer solchen persönlichen Zeitsphäre ist bestimmt durch den Rebstock, der mit seinen Wurzeln in den Boden reicht, aus dem er Kraft, Nahrung und Erinnerung saugt, und der mit seinem Stamm, seinen Ranken und Blättern sich dem Himmel und damit dem Kosmos zuwendet. Bereits antike Autoren wie Vitruv in seinen zehn Büchern über die

Architektur und Plinius in seiner Geschichte der Natur haben diese Situation, diese „conditio vinorum“ beschrieben – als Schnittstelle zwischen Mikro- und Makrokosmos.

Da genau ist des Winzers Platz. Auch heute. Hier den Ausgleich zu finden zwischen Tradition und Fortschritt, zwischen Bewahren und Entwickeln, zwischen den realen Konditionen und den Sphären der Metaphysik – das ist die Aufgabe des Winzers, wenn er ein Schöpfer sein will und nicht nur ein Getränkelieferant.

Dazu muss man nicht gleich der Esoterik verfallen oder sich der Biodynamik hingeben (auch wenn Letzteres nichts schaden kann). Es ist der Einklang zwischen Zeit und Natur, den der bewusste Winzer lebt. Dazu gehören Mut, Bereitschaft zum Risiko und Überwindung von Angst; denn was ihn da erwartet, ist nicht immer Harmonie, sondern eher Rilkes „reiner Widerspruch“[43]. Es sind gerade die kleinen Unebenheiten, die Unschärfen und Unwägbarkeiten, die den Zauber bewirken. So wie wir letztlich unsere Existenz nur einer kleinen Unsymmetrie in der Geburtstunde unseres Universums verdanken.

Hüten wir uns davor, alles regeln und kontrollieren zu wollen. Denn mit dem Wein verhält es sich wie mit der Mathematik, die sich – wie wir dank Kurt Gödels

Unvollständigkeitssatz wissen – durch kein formales System vollständig ausschöpfen lässt. Zum Wesen des Weins gehört auch jene logische Inkonsistenz, die allen Künsten eigen ist, die menschliches Tun (oder sollte ich sagen: göttliches Wirken?) von Maschinenwerk unterscheidet.

Was Vitruv vor mehr als 2000 Jahren über die Ausbildung des Architekten geschrieben hat und was heute noch Erstsemester der Architektur lernen, könnte man mit wenigen Abstrichen auch auf den Beruf des Winzers anwenden, um klarzumachen, warum bei ähnlichen oder auch gleichen natürlichen Bedingungen der eine einen unverwechselbar vom Terroir geprägten Meditationswein erzeugt und der andere nur einen reintönigen Konsumwein, warum sich bei gleichen Bedingungen der Lage und des Jahres in einem Wein Mineralität zeigt und in dem des Nachbarn nur Alkohol.

Erst die geistige Durchdringung der natürlichen Voraussetzungen, der Materialien, der Funktionen, die Reflexion von Zeit und Ort machen es dem Architekten möglich, mehr als einen Raum, ein festes Dach und eine Fassade entstehen zu lassen. Und wie ist es in der Musik, jener Kunst, die Onfray dem Wein nebst der Malerei und der Architektur am nächsten sieht?

Die Natur schafft die Voraussetzungen, indem sie die Schwingungen bereithält, aus denen sich Töne, Akkorde, Dissonanzen bilden können. Der Komponist schreibt die Partitur, der Musiker führt sie auf und der Hörer empfindet sie. Erst in dieser dreifachen Interpretation entsteht das Werk.

Ähnlich ist es beim Wein. Es gibt banale Supermarktweine und schlichte Winzerschoppen. Dazu zählt die überwiegende Mehrheit der Weine. Es gibt Designerweine und Prestigeweine für die Tische der Reichen. Es gibt Alltagsweine und solche für festliche Anlässe. Es gibt Sommer- und Terrassenweine, gastronomische, das heißt gut kalkulierbare Weine. Und es gibt Terroir-Weine. Ich denke, dass diese kaum mehr als ein, zwei Prozent aller weltweit produzierten Weine ausmachen. So wie nicht jede Kirche ein Petersdom ist, nicht jedes Porträt eine Mona Lisa und sich nicht jede Melodie für eine Fuge eignet.

Man muss genau hinhören. Manchmal spricht der Wein mit wispernder Kinderstimme, manchmal *sotto voce*. Da sind die elfenhaften Kabinette. Die prunkvollen Blender. Auch die muss es geben. Diese Weine haben eine Berechtigung, denn sie erfreuen die Gaumen der Menschen. Aber können sie zum Lebensinhalt werden, zur Erfüllung? Dazu braucht es mehr.

Viele glauben, es wäre schon alles, wenn ein Wein die Strahlkraft des Pavarotti-„Vincero“ besitzt oder die glitzernde Brillanz der Königin der Nacht. Solche Koloraturen beeindrucken, solche hohen Töne lassen staunen. Aber Weinmacher sollten sich solche Bravourstücke nicht zum Vorbild nehmen, sondern nach etwas anderem streben. Nicht nach etwas Höherem. Nach mehr Tiefe.

Es ist die Vielschichtigkeit, die Vielstimmigkeit, mit der sich der Kanon der Natur offenbart. Im Wein wie in der Musik. Solche Weine können für den, der gelernt hat, sie zu genießen, so beglückend sein wie die komplexen Klangstrukturen des Königlichen Opfers oder des Finales des zweiten Aktes von Mozarts Figaro. Sie besitzen zudem eine geheimnisvolle Eigenschaft.

Zum einen begegnen sie uns in verschiedenen Stadien ihres Lebens immer in neuer Gestalt als unfertige Fassmuster, als leichtsinnige Jungweine, später als reife Hochgewächse und schließlich als firne Altweine am Ende ihrer Tage. Und doch ist dies immer ein und dieselbe Person wie bei einem Menschen.

Aber sie gestatten auch dem, der sich darauf einlässt, seine Sinne dafür schärft, eine Ahnung der Zukunft. Man sagt, dass bei manchen Menschen im Augenblick des Todes ihr ganzes Leben wie ein Film nochmals abliefe oder auch nur längst vergessene Momente aus früher Jugend und Kindheit in die Erinnerung zurückkehrten. Bei jungen Weinen ist es umgekehrt. Lassen wir ihnen Zeit im Glas, öffnet sich unter Einwirkung von Luft und Wärme das Fenster ihrer Möglichkeiten.

Wenn sich Terroir im Wein offenbaren soll, geht es eben nicht einfach nur um den chemischen Vorgang der Umwandlung von Rebensaft bestehend aus Wasser, Zucker, Säure und Extraktstoffen in ein alkoholisches Getränk. Genauso wenig wie Komponieren nur das saubere Setzen von Noten ist. Es handelt sich bei diesen Prozessen um Metamorphosen, um einen immer wieder neu sich schaffenden Mythos, der eine Botschaft, eine Aussage enthält. Wirkliche Terroir-Weine vereinen Vergangenheit, Gegenwart und auf geheimnisvolle Weise auch die Zukunft in sich. Sie brauchen Zeit, um sich zu entfalten. Und wir brauchen Geduld, wenn wir ihnen nahekommen wollen.

(2006)

c p v STATT C O S

Für eine
andere Mathematik des Weins

Die Weinwelt am Beginn des 21. Jahrhunderts ist unübersichtlich. Selbst für Experten. Länder und Anbaugebiete, die Namen der Sorten, Marken und Erzeuger sind Legion. Seit Menschen vor mehr als 7000 Jahren im südpersischen Zagros-Gebirge zum ersten Mal so etwas wie Wein gekeltert haben, gab es zu keinem Zeitpunkt eine derart große Zahl unterschiedlicher Weine. Dabei denke ich nur an Traubenweine, nicht an die aus Ginseng, Reis oder Algen.

Versucht man, sich diese Vielfalt trinkend zu erschließen, macht sich paradoxerweise am Gaumen Uniformität breit. Man hat den Eindruck, die Weine würden immer alkoholreicher, dichter und konzentrierter und solche mit Feinheit, Eleganz oder gar Diskretion seltener.

Man spricht von der *Parkerisierung* der Weine und meint damit, dass Weinmacher unter dem Einfluss des amerikanischen Großkritikers Robert Parker und nach Rezepten des Bordelaiser Önologen Michel Rolland ihre Weine auf ein ganz bestimmtes Geschmacksbild hintrimmen.

Tatsächlich werden Weine zunehmend auf Typen reduziert und gleichen sich so immer mehr an. Während wir in Deutschland unsere Rieslinge und Silvaner nach *Prädikatsstufen* wie Spätlese, Kabinett oder Auslese ordnen, unterscheidet man in Australien *commercial categories*. Diese heißen bei Rotwein zum Beispiel Lighter oder Fuller Bodied Dry Red Table Wines.

Chemie und Kellertechnik bieten dazu ein breites Repertoire an Möglichkeiten. Aber der Winzer beeinflusst den geernteten Most auf dem Weg zur Weinwerdung weniger, um einem Kritiker zu gefallen, von dem er nicht mal weiß, ob er den Wein jemals verkosten wird, sondern als Reaktion auf die Wünsche des Marktes. Auch Konsumenten, die den Namen Robert Parker nie gehört haben, verlangen nach solchen Weinen. Parker scheint mir nicht Ursache, sondern Teil dieses Phänomens zu sein.

Was in tendenziösen Reportagen zu diesem Thema häufig kolportiert wird, sind krude Verschwörungstheorien von Globalisierungsgegnern, vorgetragen in der heuchlerischen Maske eines modernen Pharisäertums. Weine dieser Art hat es früher auch schon gegeben. Nur nicht so oft wie heute, da sie fast schon zur Regel geworden sind. Man nannte sie *ausbündig* oder *Hauptweine*. Sie galten als besonders kostbar und waren entsprechend begehrt.

Es sind die Folgen des Klimawandels, die hier zu Buche schlagen. Im Weinbau machen sie sich schneller bemerkbar als in der Land- und Forstwirtschaft. Das liegt an den sehr engen zonalen Grenzen, die dem Weinbau gezogen sind durch Parameter wie Frost, Niederschläge und Wärmesumme. Die klimatische Situation hat sich in West- und Südeuropa seit den 1980er Jahren stark verändert. Die Alkoholwerte liegen bei voller physiologischer Reife der Trauben heute um gut ein bis 1,5 Grad höher.

Aber es gibt noch einen ganz anderen Grund für diese Entwicklung. Mir scheint, sie ist das Ergebnis einer unüberlegten Anwendung unserer traditionellen Bewertungssysteme. Kurz gesagt: Wir benutzen für den Wein die falsche Mathematik.

Seit der Antike beurteilten Menschen Weine nach einem einfachen System, das sie in drei Buchstaben fassten: COS. Diese stehen für die lateinischen Worte *color, odor, sapor*, für Farbe, Geruch und Geschmack. Nicht Aussehen, sondern Farbe, nicht Zustand des Buketts, sondern der reine Duft waren gemeint. Allenfalls beim Geschmack spielten schon früh Stilistik und Terroir eine gewisse Rolle, wenn zum Beispiel die Griechen einen bestimmten Insel-Wein besonders schätzten, der von Natur aus salzig schmeckte.

Damit reduziert man die Weinansprache auf drei Sinnesorgane. Gehör und Tastsinn werden ausgeschaltet. Dabei können diese durchaus etwas beitragen und sei es nur zum Vergnügen, wenn die Gläser klingen.

Die Dichte von Weinen bleibt ebenfalls unberücksichtigt. Aber vielleicht haben auch diese Werte Relevanz für eine Beurteilung. Einige Beispiele aus dem „Handbuch der Maße, Zahlen, Gewichte und der Zeitrechnung" für verschiedene Weinprovenienzen in g/cm^3 (gemessen bei 18 °C): Mosel 0,916, Champagner 0,926, Bordeaux 0,994, Portwein 0,997, Madeira 1,038, Malaga 1,045.

Aber letztendlich wird in einem solchen System der Verstand nicht bemüht. Es bleibt bei jenem „gedankenlosen Bewusstsein", das „das Beobachten und Erfahren als die Quelle der Wahrheit ausspricht [...], als ob es allein um ein Schmecken, Riechen, Fühlen, Hören und Sehen zu tun sei" (Hegel).

Da aber Genuss im Kopf entsteht und die Wahrnehmungen unserer Sinne nur allzu trügerisch sind, scheinen sie mir eine mangelhafte Grundlage für die Beschreibung oder gar Bewertung von Weinen zu sein. Zumal heute sinnloses Trinken zur Mode geworden ist und die meisten ganz von Sinnen sind, wenn sie zu viel getrunken haben.

Doch den antiken Menschen genügte anscheinend das COS-System. Mit dem Zusammenbruch des Imperium Romanum geriet es in Vergessenheit, als man es im Italien des Hochmittelalters wiederentdeckte, hatte es nichts von seiner Plausibilität verloren.

Dies blieb so bis ins 20. Jahrhundert. Da begann man das System mathematisch zu untermauern, es mit Zahlen scheinbar zu präzisieren. Man skalierte die drei Kategorien – zunächst mit Sternen und ab den 1980er Jahren mit Punkten. Dazu dienten nicht die deutschen Schulnoten, bei denen die höchste, nämlich die 6, die schlechteste ist und die 1 die beste, sondern das französische Notensystem, das von 1 bis 20 reicht, und später dann die 100-Punkte-Skala der amerikanischen Colleges. Diese folgen beide einer aufsteigenden Linie. Der Schüler beziehungsweise Student, der die höchste Punktzahl erreicht, ist der beste. So ist es seither auch beim Wein.

Das muss nicht so sein. Der italienische Mathematiker Leonardo Fibonacci beschrieb im Jahr 1202 als Erster in Europa das Dezimalsystem: „Die neun indischen Figuren sind 9 8 7 6 5 4 3 2 1. Mit diesen neun Figuren und dem Zeichen 0, welches die Araber *Zephirum* nennen, lässt sich jede Zahl beschreiben." Hätten wir uns daran gehalten, wäre der Wein mit der niedrigsten Fehlerzahl der beste, und nicht der mit den meisten Inhaltsstoffen. Aber wäre der Wein mit 0 Fehlern auch der beste? Er wäre wohl der sauberste, der klarste, hygienisch einwandfrei. Aber er wäre wohl auch oberflächlich, ohne Ecken und Kanten und somit charakterlos. Ein trinkbares *trompe-l'œil.*

Im Gegensatz zu den Weinkritikern tappten die Önologen nicht in diese Falle. Sie führten bei ihrem 100-Punkte-System, das bei internationalen Fachverkostungen zur Anwendung kommt, Punktabzüge ein. Dadurch ist es möglich, zum Beispiel ein Übermaß auch negativ zu bewerten, und nicht nur das Fehlen von Eigenschaften. Dies ist auch das System, das ich selbst verwende, wenn ich punkte.

Alle anderen Weinbewertungssysteme, die wir heute benutzen, funktionieren dagegen nach Spielregeln, die sich an der sportlichen Maxime des „Schneller, höher, weiter" orientieren. Für den Wein heißt das

„Dunkler, intensiver, dichter". Dies führt zu einer Summenbildung, zu einer rein quantitativen Betrachtungsweise.

Man kann diese Methode mit einer primitiven Form der Mengenlehre vergleichen. Aus verschiedenen Bestandteilen unterschiedlicher Natur wird eine Gesamtmenge ermittelt nach dem Motto „Sieben Bananen, drei Äpfel, fünf Birnen und eine Melone ergeben einen Korb Obst". Die Zahl der verschiedenen Obstsorten und die einzelnen Mengen sagen jedoch nur etwas aus über die Buntheit, Vielfalt und Größe des Obstkorbes, nichts über die Qualität seines Inhaltes.

So funktioniert die aktuelle Mathematik des Weins. Natürlich kann zufälligerweise einmal der auf diese Weise ermittelte Champion auch der beste Wein sein. Dies ist aber eher unwahrscheinlich. Welche Koordinaten ließen sich stattdessen benutzen, um Wein zu analysieren und zu beschreiben? Bietet uns die Mathematik andere Lösungswege?

Um einem Missverständnis vorzubeugen: Es geht hier nicht darum, eine Weltformel des Weins zu finden, mit der man jeden Wein exakt in Zahlen und Zeichen darstellen oder gar in Punkten berechnen kann bis auf die Stellen hinter dem Komma. Aber wenn man Mathematik versteht als eine reine Form der Philosophie, als Versuch, die Welt zu ordnen und für uns in einem Beschreibungskalkül erfassbar zu machen, muss dies auch für ein derart komplexes Getränk wie den Wein möglich sein.

Doch die Arithmetik versagt, die Zahlenspielereien der jüdischen Kabbalisten helfen nicht weiter, nicht Orpheus' Hymne an die Zahl und auch nicht die Zahlenmagie der Pythagoräer. Diese versuchten schon 500 Jahre vor Christus die Welt unter dem Leitmotiv „Alles ist Zahl" zu erklären. Bei der Musik ist ihnen dies auch gelungen.

Wein und Musik sind als Künste zwar verwandt, aber während sich die Musik in leicht nachvollziehbare mathematische Strukturen zerlegen lässt, entzieht sich der Wein einer solchen Methode. Zupft man die Saite eines Monochords, erhält man einen Ton. Verkürzt man die Saite exakt um die Hälfte, wird daraus eine Oktave. Das Verhältnis 3 : 1 ergibt eine Quinte. Die Pythagoräer, die das als Erste erkannt haben, bezeichneten diesen Zusammenhang, in dem sie eine Einheit von Zahlen, Musik und Kosmos zu erkennen glaubten, als höchste Musik (megiste mousike). Auch für mich stehen Weine manchmal in einem seltsamen Einklang mit bestimmten Musikstücken. Die Reinheit und Klarheit eines Weins in einem präzisen Ton oder seine Konzentration als Akkord zu beschreiben, ist aber noch niemand, den ich kenne, gelungen. Hamvas hat es in seiner Philosophie des Weins versucht: „Ich unterscheide ferner sopran-, alt-, tenor- und baßstimmige, einstimmige und mehrstimmige sowie symphonische Weine."

Letztlich scheiterten die Pythagoräer aber bei ihren Versuchen, die Welt durch Zahlen zu erklären, und zwar genau an dem Punkt, an dem es auch beim Wein spannend wird, an der Irrationalität.

Das geheime Erkennungszeichen dieses frühen griechischen Philosophenbundes war das Pentagramm, der fünfzackige Stern oder Drudenfuß. Im Pentagramm teilt eine „innere" Ecke die Strecke von einer zur anderen Spitze in einem Verhältnis, das sich in keinem Zahlenbruch exakt erfassen lässt; es ist also durch kein Verhältnis natürlicher Zahlen zu beschreiben und somit ein „irrationales Verhältnis". Wir nennen dies heute den „Goldenen Schnitt". Der Erste, der dies erkannte, war der Pythagoräer Hipassos. Er wurde der Überlieferung nach von seinen Gesinnungsgenossen der Häresie beschuldigt und im Meer ertränkt. Seine Erkenntnis erschütterte die Grundfesten ihres Weltbildes: Eine präzise Erfassung der Welt in Zahlenverhältnissen war nicht möglich.

Auch mit unseren leistungsfähigsten elektronischen Rechenmaschinen können wir diese irrationalen Zahlen, von denen es unendlich viele gibt, nicht berechnen. Dennoch sind sie Größen, mit deren Hilfe sich heute zahlreiche Phänomene der Natur erklären lassen. Die Unendlichkeit der irrationalen Zahlen ist offenbar von höherer Ordnung als die Unendlichkeit der rationalen Zahlen.

Das grundlegende Problem bei der Beschreibung von Weinen ist, dass diese sich ständig verändern. Zwischen dem ersten und dem letzten Schluck aus einer Flasche können Welten liegen. So schmeckt beispielsweise der Wein, den ich beim Öffnen der Flasche koste, anders als die Neige, die ich mir am nächsten Tag aus der Karaffe einschenke. Und doch ist es derselbe Wein. Oder der Wein, den ich vor vielen Jahren aus dem Fass verkostet habe und von dem ich heute, nach langen Jahren der Reife, die letzte Flasche aus dem Keller hole. Seinem Etikett nach immer der gleiche Wein, im Glas aber stets ein anderer.

Um diese verschachtelten Prozesse zu beschreiben, sind Zahlen und ihre Verhältnisse zueinander nicht geeignet. Aber es gibt ein anderes System, das Mathematiker und vor allem Physiker benutzen, um Zusammenhänge zu beschreiben, für die der Satz des griechischen Philosophen Heraklit gilt: Alles fließt.

Das System, das ich meine, wird ebenfalls mit drei Buchstaben beschrieben: *c*, *p* und *v*. Nur bezeichnen diese drei Kürzel etwas völlig anderes als Sinneswahrnehmungen. Sie stehen für: Konstante (*c*), Parameter (*p*) und Variable (*v*). Mathematiker und Physiker benutzen es, um „eine Hierarchie der Variabilität" (Douglas R. Hofstadter) zu beschreiben. Das heißt, alles ändert sich, nur manches ändert sich schneller und häufiger.

Echte Konstanten gibt es möglicherweise in unserer Welt gar nicht, nur solche, die so tief in uns verwurzelt sind oder uns so universell erscheinen, dass wir sie für nicht veränderbar halten. Selbst die Naturkonstanten der Physik sollen sich seit der Frühphase des Universums verändert haben, glauben zumindest manche Astronomen belegen zu können.

Annahmen, die der Stringtheorie zugrunde liegen, liefern auch eine mögliche Erklärung für diese minimalen zeitlichen Veränderungen. Demnach besteht das Universum nicht aus vier Dimensionen, sondern aus elf.

Das, was wir für elementare Konstanten halten, wären nichts anderes als Projektionen der wahren Naturkonstanten, die in jenem elfdimensionalen Kontinuum definiert sind. Verändern sich die Radien der

Extra-Dimensionen, bleiben die dortigen Konstanten unverändert, ihre Projektionen im dreidimensionalen Raum dagegen werden kleiner oder größer.

Auf den Wein angewandt bedeutet dies: Ändern sich beispielsweise die Lagerbedingungen, bleibt die Flasche die gleiche, ebenso der substanzielle Inhalt Wasser und Alkohol, aber seine Zusammensetzung, seine Menge verändert sich. Bei Temperaturschwankungen dehnt die Flüssigkeit sich aus oder schrumpft in ihrem Volumen, Alkohol kann sich verflüchtigen. Inhaltsstoffe reagieren miteinander in einer Art und Weise, die sich unserer Wahrnehmung entzieht. Und auf unerklärbare Weise verändert die Zeit selbst dann den Wein, wenn er unberührt unter Bedingungen lagert, die aus unserer – groben – Sicht der Dinge gleichbleibend, also scheinbar konstant sind.

Lassen sich die einzelnen Bestandteile des Weins trotzdem in einem System von Konstanten, Parametern und Variablen fassen? Gibt es etwas im Wein, das so unveränderbar ist, dass man es als Konstante bezeichnen könnte?

Vielleicht hilft die gesetzliche Definition des Weines weiter: Wein ist ein alkoholisches Getränk aus dem vergorenen Saft von Weintrauben. Nur ein solches Getränk darf als Wein verkauft werden. Alles andere muss einen Zusatz tragen, also Obstwein, Apfelwein, Dattelwein, Feigenweine, Reiswein et cetera.

Der Chemiker Wilhelm Flitsch beschreibt Wein mit der nüchternen Sachlichkeit des Wissenschaftlers so: „Wein ist eine Flüssigkeit, die in der Hauptsache Wasser, daneben etwa zehn Prozent Alkohol, einige Zehntel Prozent Weinsäure, Äpfelsäure und Zucker enthält. Dazu enthält sie etwa tausend weitere Verbindungen in oft sehr niedrigen Konzentrationen, die dem Wein Charakter verleihen. Man kann diese Bestandteile durch eine quantitative Bestimmung ermitteln, was für den Chemiker, Biochemiker und Önologen interessant sein mag, für den Weintrinker jedoch nur teilweise von Nutzen ist."

Halten wir fest. Das Grundmaterial ist per definitionem konstant: die Beeren von Trauben. Aus denen wird der Saft abgepresst und mittels Hefen vergoren. Dabei handelt es sich um Wasser mit unterschiedlichen Inhaltsstoffen, vor allem Zucker. Die Flüssigkeit, das Wasser, ist die zweite Konstante. Die dritte ist der Alkohol. Ohne ihn wäre es Traubensaft und kein Wein.

Doch schon bei der Menge des Alkohols wackelt die Konstante. Der Alkoholgehalt ist definiert durch ein Mindest- und ein Höchstmaß. Wein muss mindestens 5 % Vol. Alkohol enthalten. Ausnahmen sind zum Beispiel Tokajer-Essenzen[44], die darunter liegen dürfen, ohne ihre Verkehrsfähigkeit zu verlieren. Die Höchstgrenze liegt bei 17,6 % Vol., aber auch da gibt es Ausnahmen – auf natürliche Art wie etwa bei den Sauternes-Weinen oder durch Hinzufügen von Alkohol, dem sogenannten *Aufspriten*, wie es beispielsweise zum Produktionsprozess der Portweine gehört. Oder durch das traditionelle Verfahren der *Echauffage* mit dem auf der Insel Madeira der Wein konzentriert und sein Gehalt an Alkohol erhöht wird.

Zwei dieser Konstanten sind demnach nur bedingt konstant. Der Alkoholgehalt darf bereits laut Gesetz in der Menge variieren. Er kann zudem selbst in der geschlossenen Flasche mit anderen Stoffen reagieren und sich verflüchtigen. Das Wasser kann ebenfalls verdunsten. Wenn wir den Wein erhitzen, verflüchtigt sich der Alkohol. Dieser Prozess beginnt schon bei Temperaturen wenig mehr als 20 Grad.

Verdampfen wir Wein in einem geschlossenen Destillations-Apparat, erhalten wir ein neues Produkt: Weinbrand, aqua vita, Lebenswasser. Packen wir hingegen eine Flasche Wein in das Tiefkühlfach, erstarrt der Wein unterhalb von minus sieben Grad zu Eis. Wird er wieder aufgetaut, hat diese zweifache Umwandlung des Aggregatszustandes den Wein nicht verändert, weder sein Volumen, noch seine Zusammensetzung und auch nicht seine Aromatik. Der Alkohol ist also je nach Zustand und Betrachtungsweise sowohl Konstante als auch Parameter.

Betrachten wir die weiteren Inhaltsstoffe des Weins. Es handelt sich dabei im Wesentlichen um fünf Gruppen: Zucker, soweit diese nicht in Alkohol umgewandelt wurden, Säuren (vor allem Weinsäure, Apfelsäure und Kohlensäure) und Polyphenole (Gerbstoffe). Das sind Stoffe, die Gehölze, Reben und auch Bäume bilden, um sich vor Aggressoren wie Pilzen, Bakterien und Insekten zu schützen. Sie wirken als Antioxydantien und sind für manche Bitternoten im Wein verantwortlich. In den Wein gelangen sie über das Auslaugen von Schalen und Kernen oder über den Fassausbau. Und dann gibt es da noch die Farb- und die Aromastoffe.

Welche dieser Inhaltsstoffe sind den Parametern zuzuordnen und welche den Variablen? Diese Unterscheidung kann nach folgender Regel geschehen. Das, was der Mensch auf natürliche und erlaubte Weise beeinflussen kann, zählt zu den Parametern: Zucker, Säuren, Polyphenole und Farbstoffe. Letztere stammen aus den Beerenhäuten und ihre Intensität richtet sich nach der Maischestandzeit und dem Grad der Auslaugung.

Die Aromastoffe hingegen sind indigene Bestandteile des Weins, die vom Menschen kaum, und wenn, dann meist nur mit unerlaubten Mitteln beeinflusst werden können. Früher war das anders. Seit der Antike war das Aromatisieren von Weinen durch Zugabe fremder Stoffe gang und gäbe. Heute ist dies streng verboten. Über Aroma bildende Hefen und Enzyme ist es dennoch möglich. Aber das sind sehr junge Errungenschaften und eigentlich der Beginn eines nächsten Kapitels.

Aufgrund ihres dynamischen Eigenlebens sind die Aromastoffe höchst variabel. Wie viele es davon im Wein gibt, weiß niemand zu sagen. Die Angaben darüber gehen weit auseinander. 600 bis 800 sind identifiziert. In Wahrheit seien es aber, so meinen Experten, Tausende.

Ständig werden neue entdeckt, wie etwa jener rätselhafte Stoff, der sich nur in Sauvignon blancs aus Neuseeland findet und sonst in keinem anderen Wein dieser Sorte weltweit. Diese bislang namenlose Substanz ist geruchlos und nur in Spuren im Nanogramm-Bereich pro Liter vorhanden. Es wird aber vermutet, dass sie im Zusammentreffen mit anderen Stoffen Synergieeffekte mit bestimmten Aromabildungen auslösen kann.

Diese wunderbare, chaotische Welt der kleinsten Teilchen ist uns noch weitgehend verschlossen. Wir beginnen gerade erst zu erkennen, dass dieser Mikrokosmos ähnliche Dimensionen haben könnte wie das Universum, nämlich unendliche. Aber die Nanotechnologie[45] lässt uns davon träumen, auch sie beherrschen zu lernen.

Ein bisschen bastelt die Chemie schon mit Aromahefen und Enzymen daran. Mehr als eine vordergründige Manipulation ist mit deren Hilfe aber nicht möglich. Allenfalls die Oberfläche des Weins lässt sich damit ein wenig gestalten, so wie man Resopalplatten mit Mustern bedruckt, sodass sie aussehen wie Marmor oder Mahagoni. Aber wir haben in unseren Chemiebaukästen kein Verfahren, um beispielsweise die Alterungsprozesse zu imitieren, die einen 1928er Latour jenseits der Sorten so eindeutig von einem Pétrus desselben Jahrgangs unterscheiden.

Damit ist aber unser Instrumentarium zum Beurteilen von Weinen noch nicht komplett. Es gibt noch ganz andere, sozusagen externe Kriterien und Kategorien, die sich in dieses System einordnen lassen. Die Herkunft des Weines ist eine weitere Konstante. Genauso wie der Jahrgang und der Erzeuger einen fest umrissenen Rahmen bilden.

Dagegen lauern in den Kellern, in denen der Wein lagert, Unwägbarkeiten, die sein jeweiliges Altersbild stark verändern können. Diese Bedingungen sind vom Menschen beeinflussbar und somit Parameter.

Stammt eine Flasche aus dem Keller des Erzeugers, dürfte sie weitgehend identisch sein mit anderen Flaschen, die dort lagern. Begegnen wir dieser Flasche in zehn Jahren wieder oder haben wir eine heute bereits zehn Jahre alte Flasche vor uns, stellt sich die Frage, wie diese über die Jahre gelagert wurde, in welchem Keller, in welchem Grad von Dunkelheit, bei welcher Temperatur und Luftfeuchtigkeit. Wie ist sie verschlossen? Natur- oder Kunststoffkork, Schrauber, Kronkork – oder ist sie versiegelt? Dies sind Faktoren, die den Wein wesentlich beeinflussen und verändern können. Die Flasche kann sanft gereift und gealtert sein, die Flasche kann korken oder lecken. Ja, sie kann im Extremfall ausgelaufen sein. All dies sind Parameter.

Doch dann kommen wir ins Spiel. Die Konsumenten. Wir gehören in all unserer Launenhaftigkeit, Situationsbedingtheit und Unberechenbarkeit ohne Frage zu den Variablen.

In welcher Stimmung genießen wir den Wein, zu welcher Tageszeit, in welcher Gesellschaft? Ist uns der

Wein vertraut oder fremd? Béla Hamvas hat ein ganzes Buch über diese Zusammenhänge geschrieben. Zum Tarock[46] passten für ihn vor allem die Weine aus Csopak am Balaton und für die Konzertpause Tokajer. Jungen Studenten, vom „heimlichen Kummer trübsinnig", empfahl er Sandwein und den Verliebten Szekszárder.

Wir, die wir den Wein trinken, verstehen oder nicht verstehen, genießen oder nur unseren Durst stillen, sind höchst variabel. Wir sind vollständig unberechenbar. Schon allein durch unsere Vielzahl, unsere unterschiedlichen Lebensumstände und kulturellen Prägungen.

Jeder von uns hat eine eigene, eine individuelle Konditionierung und dadurch eine andere Art der Rezeption. Diese Matrix ist nicht einmal beständig. Sie ist abhängig von Zeit, Ort, Laune, Gesundheit, von dem, was wir gerade gegessen oder wie gut wir geschlafen haben.

Glücksgefühle sind individuell. Wie sonst könnte der Berber auf der Parkbank mit einer Literflasche „Pennerglück" für 0,99 Euro ebenso glücklich sein wie der Connaisseur mit seiner 10 000-Euro-Lafite? Oder Michael Broadbent, wenn er eine fein-süße Riesling-Auslese von Rhein oder Mosel süffelt, sonntagmorgens zu Hause in seinem Landhaus, so gegen elf Uhr auf der Terrasse?

So weit das theoretische Modell. Wenden wir uns nun wieder dem Wein zu. Auf dem Tisch steht keine anonyme Flasche, sondern ein ganz bestimmter Wein. Ihn mit einer kleinen Zahl von Konstanten zu fixieren, ist in der Welt der Bordelaiser Châteaux, aber auch bei den Marken, den Boutiqueweinen und Designergewächsen relativ einfach.

Ein Ornellaia ist ein Ornellaia und kein Sassicaia, auch wenn sie Nachbarn sind. Oder schauen wir auf das Feld von Saint Lambert. Da sehen wir Léoville-Las-Cases, Latour, Pichon Comtesse de Lalande. Das ist die gleiche Kuppe am Ufer der Gironde, aber sie liefert drei klar unterscheidbare Weine, dazu die jeweiligen Zweitweine, die dadurch gewonnen werden, dass man jene Partien, die nicht zur vollen Zufriedenheit den Charakter des Jahrgangs und des Terroirs vermitteln, aussortiert. Diese Weine sind in erster Linie definiert durch den Jahrgang, durch die Appellation, durch die Rebsorte oder eine spezifische Cuvée, die Intention ihres Erzeugers.

Komplizierter wird es im burgundischen System des kleinparzelligen Weinmachens, wie es nicht nur an den Côtes zwischen Dijon und Mâcon, sondern vor allem in deutschen Weinbergen manchmal sehr exzessiv betrieben wird. Da spielt der Erzeuger, sein Umgang mit dem Terroir und seine Handschrift eine noch größere Rolle. Hinzu kommt die Manie mancher Produzenten, ihre Weinberge in kleinste Parzellen zu fraktionieren und Mikro-Cuvées mit verschiedenen Lesezeitpunkten oder nach dem Alter der Reben zu produzieren – bis hinunter auf das Fassungsvermögen eines Fasses, sodass im Extremfall auch noch die Nummer des Gebindes den Wein definiert.

Nehmen wir ein konkretes Beispiel. Im Jahr 2005 produzierte das Weingut Sybille Kuntz in Lieser an der Mosel zwei Weine, die es so vorher auf dem Weingut noch nicht gegeben hatte: HELD und SCHARZ, beides Rieslinge mit relativ hohem Alkohol und deutlicher Restsüße.

Beide Weine stammen aus alten Kernparzellen der heutigen Einzellage Niederberg Helden. Bei den Namen HELD (von Halde) und SCHARZ (ein alter Name für Schiefer) handelt es sich um heute nicht mehr gebräuchliche Katasterbezeichnungen. In diesen Flurstücken – in Frankreich würde man sagen „lieu dits“ – stehen die ältesten, in den 1920er Jahren gepflanzten Reben. Manche sind noch älter und wurzelecht. Normalerweise entsteht aus den Trauben dieser Stücke der beste trockene Riesling des Weingutes mit der Bezeichnung „Dreistern". Doch im Jahrgang 2005 kam alles anders. Nicht weil die Winzerin es so wollte, sondern weil sie den Weinen ihren Willen ließ. Aber der Reihe nach und mit System.

Den SCHARZ hatte ich bereits im Juni 2006 kurz nach der Füllung im Rahmen der alljährlichen Kollektionsprobe verkostet und festgestellt, dass dies ein Fehler war. Es wäre sinnvoll gewesen, dem Wein einige weitere Monate der Flaschenreife zu gönnen. Deshalb habe ich mir den HELD erst ein Jahr später, im Frühsommer 2007, vorgenommen und mich darauf auch besser vorbereitet.

> *c* = die Konstante, also der konkrete Wein, der im Glas vor mir steht, und zwar so, wie er sich in diesem Augenblick darstellt, in diesem Fall als junger, unfertiger Wein. Seine Herkunft ist sehr genau definiert, das Lesegut, das als Ausgangsmaterial diente, sehr genau dokumentiert.

Ein Riesling vom Mittellauf der Mosel, von sehr alten Rebstöcken, gewachsen auf heißen Schieferböden in einer steilen Lage. Für eine derart hohe Auslese – mit 120 Grad Öchsle an der Grenze zur Beerenauslese – handelt es sich aber um einen ungewöhnlichen, einen extremen Wein mit 13,5 % Vol. Alkohol und 50 gL Restzucker bei 8,5 Promille Säure. Das ist heutzutage nicht normal an der Mosel. Seit man in den 1920er Jahren eine Methode fand, die Gärung risikolos zu unterbrechen und Weine kaltsteril zu füllen, werden solche Weine abgestoppt und mit weniger Alkohol und deutlich höherem Restzucker gefüllt – modelliert nach dem Willen des Winzers beziehungsweise den Wünschen seiner Kundschaft.

Hier haben wir es dagegen mit einem Wein zu tun, der zumindest teilweise nach der alten Art gemacht wurde, wie sie um die vorletzte Jahrhundertwende üblich war. Und damit kommen wir zu den Parametern dieses Weins.

> *p* = die Parameter, also die Welt des Weinbergsmanagements und der Kellerwirtschaft. All die Faktoren, die uns erzählen können, wie der Wein so geworden ist, wie er ist. Sie gilt es zu studieren, um den Wein zu verstehen, seine Sprache zu lernen. Wie wurden die Reben, die Böden bearbeitet, um das gewünschte Ausgangsmaterial zu bekommen? Wie waren die klimatischen Bedingungen und wie wurde das Lesegut verarbeitet?

Sybille Kuntz ist eine ehrgeizige Winzerin, die Jahr für Jahr versucht, ihren Weinbergen ein Optimum an Trauben-Selektion abzuringen mit Spontanvegetation ohne Düngung und ohne Herbizide. So auch 2005. Die Rebstöcke in der Held wurden auf sechs bis acht Augen pro Stock angeschnitten, später jede dritte und vierte Traube entfernt. Ergebnis: ein Ertrag von 32 hl/ha. Die handverlesenen Trauben werden in einer alten Mühle mit Gummiwalzen gemahlen. Die so gewonnene Maische bleibt je nach Temperatur einige Stunden stehen. Im Herbst 2005 bei Nachmittagstemperaturen um die 20 Grad genügten zwei Stunden, um die Aromen aus den Schalen auszulaugen. Die gekühlte Vergärung im Stahltank bei 16 bis 18 Grad verlief langsam und kontinuierlich.

Doch dann geschah etwas Unvorhergesehenes. Der Wein wollte ab der achten Woche nicht mehr gären. Nun kann man Weine nicht nur stoppen, man kann sie auch mit Spezialhefen oder mit Wärme forcieren, weiterzugären. Doch die Winzerin ließ dem Wein seinen Willen, ohne zu wissen, was letztlich dabei herauskommen würde. Sie hat etwas verstanden – oder vielleicht auch nur gespürt –, was der Theologe und Kunstkritiker Werner Reiss in den Satz fasste: „Individuation ist nicht das Absichern des individuell

Erreichten, sondern der Schritt ins Bodenlose." Und so kam es nach einem groben Abstich und einem weiteren Ausbau von zwei Monaten auf der Feinhefe zur Geburt jenes Genius, dem sie den Namen HELD gab.

v = die Variablen, das sind alle jene scheinbar ungeordneten, nicht beschreibbaren Interaktionen kleiner und kleinster Teilchen im Wein, in uns selbst und auf subatomarer Ebene auch zwischen Wein und Trinker, die in der Vereinahmung und damit der Transsubstantiation[47] ihre Vollendung findet. Es ist die Zone des Übergangs von der Chemie zur Metaphysik.

Weine wie der HELD sind Kunstwerke. Und so trifft auf sie die Bemerkung des Kunsthistorikers George Kubler zu, wonach Kunstwerke Zugänge sind, „deren Schwelle der Besucher überschreiten kann, um sich dem Raum des Malers zu nähern [...], um jede Art von fruchtbarem, vom Künstler modelliertem Raum zu erforschen." Mit Wein, Winzer und Trinker verhält es sich ebenso.

Um dieser Dimension gerecht zu werden, wurde der Wein von mir im Rahmen einer akademischen Weinprobe verkostet, also nicht verdeckt (Blindprobe), auch nicht begleitet von Speisen (kulinarische Weinprobe), sondern ganz puristisch unter Arbeitsbedingungen und ausgestattet mit dem gesamten Wissen um das Zustandekommen des Weins. Deshalb war ich diesmal auf die Komplexität des Weins vorbereitet, wählte daher einen besonders großen Burgunderkelch als Glas und teilte die Probe in drei Phasen ein: Vorverkostung, Hauptverkostung und Nachverkostung.

Der erste Teil dieser Versuchsanordnung ereignete sich an einem späten Nachmittag.

Ein Glas aus der soeben geöffneten Flasche mit Kellertemperatur von etwa elf bis zwölf Grad, sich langsam erwärmend auf 16 bis 18 Grad. Die zweite Verkostung, 24 Stunden später, zog sich mit drei Gläsern über mehrere Stunden hin und im dritten Teil, nochmals 24 Stunden später, wurde die Neige des Weins probiert, wobei ich ihn bis auf Mitte der 20er-Grade temperieren ließ. Zwischen den Verkostungen wurde die Flasche gekühlt aufbewahrt.

Diese Methode gab dem Wein die Möglichkeit, mit der Luft zu reagieren, zu verestern und so die in ihm enthaltenen Extrakte teilweise zu offenbaren. Die dabei registrierten Veränderungen sind wie eine Reise in die Zukunft. Wie im Zeitraffer zeigt der Wein Teile seiner künftigen Entwicklung. In der Flasche wird sich dieser Prozess bei entsprechender Lagerung über viele Jahre hinziehen. Dem Wein des dritten Abends werde ich so vielleicht in zehn, fünfzehn Jahren beim Öffnen einer gut gelagerten Flasche wieder begegnen.

Die drei Verkostungen, in Worte gefasst, lesen sich so: Goldgelb. In der Nase zunächst ein Duft nach Aprikosenjam, Orangen, dazu Kräuteraromen, eine dezente Petrolnote. Andere Komponenten dieses ungemein komplexen Buketts: Brotrinde, eine kleine Rettichschärfe, auch erdige Noten, Jod. Das alles bildet einen sehr spannenden und immer wieder überraschenden Verlauf der Aromen. Braucht mehr als 24 Stunden Luft, um sich voll zu entwickeln. Am Gaumen eine wunderbare, reiche Fülle, cremig, mit einer verhaltenen Süße und kräftigem Alkohol. Prognose: Der Wein wird mit zunehmender Reife in vielleicht zehn, zwölf Jahren immer trockener schmecken. Eine ganz und gar ungewöhnliche Auslese, wie sie heute kaum jemand zu produzieren wagt. Ein ganz großer Riesling der alten Art, orientiert am Beispiel der vorletzten Jahrhundertwende.

Punkte habe ich ihm auch gegeben: 96/100. Wie prosaisch.

(2007)

Anhang

Anmerkungen

1 Wurmlöcher sind hypothetische Lösungen für Gleichungen der allgemeinen Relativitätstheorie. Sie wurden erstmals 1935 von Albert Einstein und Nathan Rosen beschrieben. Ursprünglich nannte man sie deshalb Einstein-Rosen-Brücken. Es handelt sich dabei um topologische Konstrukte, die weit voneinander entfernt liegende Bereiche des Universums sozusagen durch eine „Abkürzung" verbinden. Der Name „Wurmloch" leitet sich von der Analogie zu einem Wurm ab, der durch den Apfel hindurch anstatt auf seiner Oberfläche entlang wandert. Wurmlöcher sind Gegenstand aktueller Forschung, ihre Existenz konnte aber experimentell bislang noch nicht nachgewiesen werden. Stephen Hawking stellt in seinem Buch „Das Universum in der Nussschale" Überlegungen an, welchen praktischen Nutzen Wurmlöcher zur Folge haben könnten. In Science-Fiction-Serien wie Deep Space Nine oder Stargate dienen sie dazu, Reisen im Weltraum zu beschleunigen.

2 Episode aus dem fragmentarisch überlieferten Roman Satyricon des römischen Senators und Schriftstellers Titus Petronius, genannt Arbiter (14 v. Chr.–66 n. Chr.). Geschildert wird ein Gastmahl, zu dem der ehemalige Sklave und neureiche Emporkömmling Trimalchio geladen hat. Dieser versucht, seine Gäste mit ungewöhnlichen Speisen und Darbietungen zu unterhalten, stellt dabei vor allem aber seine Geschmacklosigkeit und Halbbildung bloß.

3 Erscheinen einer Gottheit (griechisch *epiphaneia*: Erscheinung). Diesen Begriff hat das Christentum aus der griechischen Tradition übernommen. Vor allem der Weingott Dionysos erscheint nach griechischer Vorstellung den Menschen in verschiedener Gestalt und mit unterschiedlichen Namen.

4 Seit dem Hochmittelalter war es üblich, Wein-Jahrgänge nach besonderen Ereignissen zu benennen, die in dem jeweiligen Jahr stattgefunden hatten. In Deutschland nannte man zum Beispiel den Jahrgang 1529 „Wiedertäufer" und den Jahrgang 1631 „Schwedenwein". Jahre, in denen Kometen am Himmel zu sehen waren, wurden Kometen-

jahre, und die Weine Kometenweine genannt. Dem Volksglauben nach waren dies auch besonders gute Jahre. Dies traf jedoch keineswegs immer zu. Im Jahr 1811 gab es aber in fast allen europäischen Weinbaugebieten einen der besten Jahrgänge des Jahrhunderts. Bei der Himmelserscheinung handelte es sich um den Kometen Flaugergues, der neun Monate lang mit bloßem Auge zu sehen war und im Oktober 1811 seine größte Helligkeit erreichte.

5 Alte Bezeichnung für Großflaschen in Bordeaux. Der Name stammt ursprünglich aus dem Schottischen von *tappit* (Krone, Kamm, Helmzier) und *hen* (Henne). So nannte man die bauchigen Zinnkannen mit Scharnierdeckel, die in Schenken als Maß- oder Transportbehälter für Wein, speziell Portwein, benutzt wurden und die in der Regel 2,25 Liter fassten. Tappit Hen ist heute noch in England ein beliebter Name für Tavernen und Antiquitätengeschäfte.

6 Weinlage in Würzburg, berühmt für die dort wachsenden Rieslinge. Weine von dieser Lage sind seit Jahrhunderten unter dem Namen „Steinwein" bekannt und begehrt. Johann Wolfgang von Goethe war einer der Verehrer dieses Weins und schrieb darüber in einem Brief an Christiane Vulpius: „Kein anderer Wein will mir schmecken und ich bin verdrießlich, wenn mir mein Lieblingsgetränk abgeht."

7 Von englisch *Super Tuscans*. So werden seit den 1980er Jahren jene Rotweine der Toskana genannt, die dort aus offiziell für DOC-Weine nicht zugelassenen Rebsorten, vor allem Cabernet Sauvignon und Merlot, produziert wurden und deshalb als Tafelwein vermarktet werden mussten. Heute werden sie meist als IGT (Indicazione Geografica Tipica) deklariert, eine Bezeichnung, die eigens dafür geschaffen wurde.

8 Der Begriff kam in den 1990er Jahren auf und bezeichnet Weine vor allem in Saint Émilion und Pomerol, aber auch in Kalifornien und Australien, die in extrem kleinen Mengen produziert werden und teilweise Höchstpreise erzielen. Es kann sich dabei sowohl um eigens hergestellte Mikro-Cuvées handeln wie auch um den Ertrag besonders kleiner Parzellen. Der Name ist einerseits eine Anspielung auf die Garagenfirmen der Computerbranche im amerikanischen Silicon-Valley. Andererseits wurden zwei der berühmtesten Garagenweine – Le Pin und Valandraud – tatsächlich in umfunktionierten Garagen vinifiziert.

9 Einziehung geistlicher Güter durch eine weltliche Obrigkeit zur Verwendung zu weltlichen Zwecken. In diesem Zusammenhang ist die napoleonische Säkularisation von 1803 gemeint, während der beinahe alle geistlichen Reichsstände aufgelöst wurden. Damals ging eine Fläche von annähernd 95 000 km^2 (zum Vergleich: Bayern hat eine Größe von 70 552 km^2), auf der mehr als drei Millionen Menschen lebten, in staatlichen oder privaten Besitz über.

10 Premier Cru in Meursault in Burgund.

11 Weingut in Mercurey in Burgund, das einen angesehenen Rotwein produziert.

12 Traditionelle, breit gebaute Lastschiffe zum Transport von Waren auf der Elbe sowie für die Küstenschifffahrt an Nord- und Ostsee.

13 Eine vor allem in Frankreich benutzte Fechtwaffe des 16. bis 18. Jahrhunderts, auch „Schwert des Adels" genannt. Wurde durch das Theaterstück Cyrano de Bergerac (1897) von Edmond Rostand zum Inbegriff der eleganten Fechtkultur. Rostand lässt seinen Helden während des Kampfes Gedichte rezitieren („Denn beim letzten Verse stech' ich").

14 So bezeichnet Rainer Maria Rilke Eurydike in dem Gedicht „Orpheus. Eurydike. Hermes".

15 Platon schreibt in seinem Timaios-Dialog: „Als nun aber der Vater, welcher das All erzeugt hatte, es ansah, wie es bewegt und belebt und ein Bild der ewigen Götter geworden war, da empfand er Wohlgefallen daran, und in dieser seiner Freude beschloß er denn, es noch mehr seinem Urbilde ähnlich zu machen. Gleichwie nun dieses selber ein unvergängliches Lebendiges ist, ebenso unternahm er es daher, auch dieses All nach Möglichkeit zu einem ebensolchen zu machen. Nun war aber die Natur des höchsten Lebendigen eine ewige, und diese auf das Entstandene vollständig zu übertragen war eben nicht möglich; aber ein bewegtes Bild der Ewigkeit beschließt er zu machen, und bildet, um zugleich dadurch dem Weltgebäude seine innere Einrichtung zu geben, von der in der Einheit beharrenden Ewigkeit ein nach der Vielheit der Zahl sich fortbewegendes dauerndes Abbild, nämlich eben das, was wir Zeit genannt haben." (Timaios, 37c/d–38c)

16 Eine Serie von drei legendären Weinproben, die in den 1990er Jahren im Hamburger Restaurant Le Canard stattfanden. Dazu brachte jeder der Teilnehmer einen Wein mit, der zu den unumstritten besten der Welt zählte wie 1864 und 1865 Lafite, 1900 Margaux, 1921 Cheval blanc, 1929 Pétrus, 1945 Mouton, 1947 Margaux, 1949 Cheval blanc, 1959 L'Evangile, 1961 Haut-Brion. Die Proben wurden von den beiden Weinsammlern Arne Berger und Arnold Zabert organisiert.

17 Rangliste der besten Bordelaiser Gewächse. Sie wurde auf Geheiß Napoleons III. anlässlich der Weltausstellung in Paris erstellt. Der Duc de Morry beauftragte damals die Bordelaiser Courtiers, unter Aufsicht der Handelskammer von Bordeaux ein Klassement der Grand Crus zu erarbeiten. Dazu wurden die führenden Châteaux in fünf Qualitäts-Stufen eingeteilt. Als Maßstab dienten dabei die in den zurückliegenden 100 Jahren erzielten Marktpreise. Für diese Form der Bewertung gab es mehrere Vorläufer wie die von Labadie (1776) und Jarride (1828). Die Klassifikation ist bis heute gültig und wurde nur noch ein einziges Mal geändert: 1973 stieg Château Mouton-Rothschild vom zweiten in den ersten Rang auf.

18 Straße in Bordeaux, die an der Gironde entlang führt. Hier befanden sich früher alle bedeutenden Bordelaiser Weinhandelshäuser (Négociants) mit ihren Kontoren und Lagern. Ein Pakt zwischen dem „Quai" und den Erzeugern garantierte eine Übernahme der Jahrgänge bereits im Fass – unabhängig von ihrer Qualität – zu sogenannten Primeurpreisen, die durch Makler (Courtiers) ausgehandelt wurden. Dieses bis heute funktionierende System des „Place Bordeaux" schuf die Voraussetzung für den Aufstieg der Bordelaiser Weinwirtschaft.

19 Hortense Schneider war der gefeierte Star der Uraufführung der Opéra-bouffe „Die Großherzogin von Gerolstein" von Jacques Offenbach. Dieser hatte das Stück eigens für die Pariser Weltausstellung 1867 geschrieben.

20 Nach dem am 4. Juni 1920 in Trianon geschlossenen Friedensvertrag musste Ungarn einen großen Teil seines Staatsgebietes abtreten. Die heutige Slowakei fiel an den Doppelstaat Tschechoslowakei, das Burgenland ging an Österreich, die heutigen Staaten Kroatien, Slowenien und Teile des Banats wurden dem künstlich erschaffenen Vielvölker-

staat Jugoslawien zugeschlagen, Siebenbürgen kam zu Rumänien. Dadurch wurde die wirtschaftliche Infrastruktur Mitteleuropas zerschlagen. Viele dieser Regionen haben sich erst nach dem Fall des Eisernen Vorhangs Ende der 1980er Jahre von den Folgen der Teilung erholt.

21 Gonzo nennt man im US-amerikanischen Sprachgebrauch eine Person mit exzentrischem, außergewöhnlichem Verhalten. Unter Gonzo-Journalismus versteht man eine Form der Berichterstattung, bei der der Autor die Ereignisse aus einem subjektiven Blickwinkel darstellt. Als Stilmittel dienen Polemik, Schimpfwörter und Slang. Es handelt sich dabei also eher um eine literarische Form und nicht um Journalismus im engeren Sinn. Als Begründer und bedeutendster Vertreter des Gonzo-Stils gilt Hunter S. Thompson.

22 So werden seit den 1980er Jahren Winzer und Önologen genannt, die als Consultant mehrere Weingüter teilweise in anderen Ländern oder Kontinenten beraten. Der berühmteste *flying winemaker* ist der Önologe Michel Rolland aus Libourne, der in seiner Glanzzeit weltweit für mehr als 100 Betriebe als Weinmacher tätig war.

23 Weine, die bei verdeckten Themen-Proben ohne Wissen der Teilnehmer serviert werden.

24 Zitat aus einem Vorlesungstext des Physikers Richard P. Feynman: „A poet once said, 'The whole universe is in a glass of wine.' We will probably never know in what sense he meant that, for poets do not write to be understood. But it is true that if we look at a glass of wine closely enough we see the entire universe." (The Feynman Lectures on Physics, Vol. 1, p. 3-10, Reading 1963.)

25 Formelhafte Redewendungen (griechisch *topos*: allgemein anerkannter Gesichtspunkt, Gegenstand [einer Rede], Ort, Stelle [in einer Schrift]).

26 Ort auf der kroatischen Adria-Insel Korčula vor der dalmatinischen Küste.

27 Eine aus Nordafrika stammende Eidechsenart, die als Lebensraum sandiges Terrain bevorzugt.

28 Eine weiße Rebsorte, die auf der kroatischen Insel Korčula beheimatet ist. Aus ihr wird traditionell ein gleichnamiger, sherryähnlicher und alkoholreicher Wein gekeltert.

29 Infolge des rechtsgerichteten Kapp-Putsches im März 1920 in Berlin kam es auch am Waterloo-Platz in Hannover zu blutigen Auseinandersetzungen. Die Arbeiterparteien riefen zum Generalstreik auf, der kommandierende General des 10. Armeekorps erließ daraufhin ein Demonstrationsverbot, das aber nicht eingehalten wurde. Die Folge waren Auseinandersetzungen zwischen einer Arbeiterwehr und Reichswehreinheiten mit Toten und Verletzten.

30 Anspielung auf eine Stelle in der Schrift „De umbris idearum" (Von den Schatten der Ideen) von Giordano Bruno: „Ideoque in ipsa (sc. Umbra) non credas esse arrorem sed veri latentiam." Für Bruno sind – im Gegensatz zu der von Platon im Höhlengleichnis vertretenen Theorie – die Schatten nicht bloße Abbilder, sondern selbst Träger verborgener Wahrheit (veri latentiam).

31, 32 Zitate aus dem Roman „Karnéval" von Béla Hamvas, entstanden 1948 bis 1950, aus dem Nachlass veröffentlicht 1985. Dieser monumentale philosophische Initiationsroman in sieben Büchern wurde vom Autor selbst als Schicksalskatalog, als Dämonologie oder, Heraklit zitierend, als „Geschichte des zehntausendhäutigen Geistes" charakterisiert. Der Karneval ist darin eine universale Metapher für die unendlichen Metamorphosen des Menschen in seiner metaphysischen und historischen Existenz. Hauptgestalt des Buches ist Michael Bormester (ungarisch für „Weinmeister"), der sich auf den Weg macht, seinen wahren Namen, seine Identität zu suchen. Siehe: Kindlers Neues Literatur-Lexikon, Bd. 21, Seite 538–39. München 1988 f.

33 Der Salier Konrad II. vereinte 1032 die drei Kronen des ostfränkisch-deutschen Reichs (Regnum Francorum), des italienischen Reichs (Regnum Langobadorum oder Italicum) und des Königsreichs Burgund unter seiner Herrschaft.

34 Gemeint ist der 30-jährige Krieg (1618–1648).

35 Im pfälzisch-orléansschen Erbfolgekrieg (1688–1697) wurden weite Teile der Kurpfalz durch die Truppen des Generals Mélac verwüstet. Nach der Eroberung Heidelbergs hinterließen die Franzosen – entsprechend dem Befehl „Brûlez le Palatinat" – verbrannte Erde. In Südwestdeutschland wurde der Name Mélacs zum Inbegriff für „Mordbrenner". Das in der Pfalz noch heute gebräuchliche Schimpfwort „Lackel"

geht ebenfalls auf Mélac zurück. Auch war es lange Zeit üblich, besonders bissigen Hofhunden den Namen Mélac zu geben.

36 „Smaragd" ist die erstmals für Weine des Jahrgangs 1986 eingeführte Bezeichnung für die besten und wertvollsten Weine der Wachau. Diese Weine müssen ein Mindestmostgewicht von 18,2° KMW haben. Der Name stammt von der Smaragdeidechse, die in den Wachauer Weinbergterrassen sehr häufig vorkommt. Diese besonders kostbaren Weine mit einem Mindestalkoholgehalt von 12 % Vol. können nur in den besten Jahrgängen gewonnen werden.

37 Im Aktaion-Mythos wird der Jüngling Aktaion, nachdem er die Göttin Artemis (Diana) beim Bade beobachtet hat, von ihr in einen Hirsch verwandelt und von seinen eigenen Hunden zerrissen.

38 Um die erste Jahrtausendwende kam der Brauch auf, in der Fastenzeit Altäre und Reliquien, oder auch ganze Altarräume in den Kirchen mit Tüchern zu verhängen. Diese Textilien nannte man Fastentücher (Velum quadragesimale), volkstümlich auch Hungertücher oder Schmachtlappen. Die Verhüllung war für die mittelalterlichen Gläubigen eine Bußübung. Zur körperlichen kam die eucharistische Abstinenz. Die Redewendung „am Hungertuch nagen" leitet sich indirekt von diesem Brauchtum ab.

39 Bezeichnung für Kult- und Luxusweine, die in den 1990er Jahren entstanden ist. Vermutlich stammt der Begriff aus den USA oder aus Australien. Die erste präzise Definition stammt von Arend Heijbroek, Senior Analyst der Rabobank International in Utrecht. In seiner Studie „The World Wine Business" beschrieb er 1999 Icon-Weine wie folgt: „Preisrange: > USD 50 [damals mehr als 100 DM]. Marktanteil aller Icons: 1% des Weltmarktes an Wein. Konsumententypus: Connaisseur. Ansonsten: kleine Produktion, limitierte Menge, hoher Imagewert, schwer zu bekommen." Während in Deutschland heute die Preisschwelle für Icon-Weine meist mit 50 Euro angegeben wird, liegt dieser Wert international bei 100 Euro.

40 Getrocknete Schwimmblase des Hausen, besser bekannt als Beluga-Stör. Besteht zu 70 Prozent aus Kollagen und wurde früher ähnlich wie Hühner-Eiweiß zur Klärung von Wein verwendet. Heute ist dies nur noch bei koscheren Weinen der Fall.

41 Der Entkeimungs-Filter, kurz EK-Filter, wurde 1913 von Friedrich Schmitthenner entwickelt und kam im Ersten Weltkrieg als Tornisterfilter zur Herstellung keimfreien Wassers in den Schützengräben zum Einsatz. Ab den 1920er Jahren revolutionierte diese Technik zunächst die Fruchtsaftproduktion und dann die Weinherstellung, da mit ihrer Hilfe erstmals eine kaltsterile Füllung möglich war.

42 Bezeichnung für einen spezifischen Basisgeschmack. Dieser wurde 1908 erstmals vom japanischen Forscher Kikunae Ikeda beschrieben. Im Zuge der crosskulturellen Globalisierung der Kochkunst ist die Bezeichnung seit den 1980er Jahren auch in Europa als fünfter Grundgeschmack neben süß, sauer, salzig und bitter geläufig. Träger dieses Geschmacks ist die Glutaminsäure, welche in vielen asiatischen Küchen als Geschmacksverstärker Verwendung findet. Für Japaner ist vor allem der Geschmack des Shiitake-Pilzes charakteristisch für *umami*.

43 Rainer Maria Rilkes selbst gewählte Grabinschrift auf dem Bergfriedhof von Raron: Rose, oh reiner Widerspruch, Lust, Niemandes Schlaf zu sein unter soviel Lidern.

44 Höchste Kategorie der edelsüßen Tokajer-Weine. Dabei werden die Trockenbeeren ausschließlich durch Eigendruck gepresst. Ein extrem langwieriges Verfahren, das nur in absoluten Ausnahmejahren angewandt wird.

45 Sammelbegriff für verschiedene Forschungsgebiete der Chemie und Physik auf der atomaren Ebene (griechisch *nanos*: Zwerg). Gilt als Zukunftstechnologie schlechthin. Nanotechnologie befasst sich mit einzelnen Atomen oder Molekülen beziehungsweise größeren Gruppen von Atomen und Molekülen. Ihre Größendimension beträgt ein bis einhundert Nanometer (ein Nanometer ist ein Millionstel Millimeter; zum Vergleich: Ein Nanometer verhält sich zu einem Meter wie der Durchmesser einer Haselnuss zu dem unseres Erdballs). In diesem Kleinstuniversum gelten oft andere physikalische Gesetzmäßigkeiten als in der Makrowelt, was Produkte mit bisher ungeahnten Eigenschaften ermöglicht. Als Vater dieser Technologie gilt Richard Feynman mit seinem Vortrag „There's Plenty of Room at the Bottom" aus dem Jahr 1959.

46 Gemeint ist das Bayerische Tarock, ein Kartenspiel, das nichts mit dem gleichnamigen italienischen Spiel zu tun hat. Es wird mit demselben Satz von 36 Karten (4 Farben mit je 9 Werten) gespielt wie Schafskopf.

47 Vom aristotelischen Substanz-Begriff abgeleiteter philosophisch-theologischer Begriff, unter dem besonders in der römisch-katholischen Kirche die Lehre von der Realpräsenz Jesu Christi in der Eucharistie (Abendmahl) erklärt wird. Transsubstantiation bezeichnet die innerhalb der Messe erfolgende Wandlung von Brot und Wein in den Leib und das Blut Christi. Wurde auf dem 4. Laterankonzil 1215 als Dogma formuliert und durch das Konzil von Trient (1545–1563) bekräftigt.

Personenregister

Achilles: sagenhafter griechischer Held des Trojanischen Krieges. Sohn des Peleus und der Meeresnymphe Thetis. Tötet den trojanischen Königssohn Hektor. S. 27

Aladin: Figur aus einem der bekanntesten Märchen der Weltliteratur „Aladin und die Wunderlampe" aus der orientalischen Sammlung der Märchen aus 1001 Nacht. Der arabische Name bedeutet so viel wie „Erhabenheit des Glaubens". Das Märchen hat den uralten, aus indischen und medischen Quellen stammenden Dschinn-Glauben zum Gegenstand, zu dem auch die Sage von den drei freien Wünschen gehört. S. 104

Alexander II., Nikolajewitsch (1818–1881): russischer Zar aus dem Haus Romanow-Holstein-Gottorp. Gilt als Reform-Zar, da er 1861 die Leibeigenschaft aufhob. Seine wirtschaftlichen Reformen stießen angesichts der sozialen Ungleichheit und verbreiteter Armut in der Bevölkerung weitgehend auf Ablehnung und begünstigten das Entstehen sozialistischer, kommunistischer und nihilistischer Ideen und Gruppen. Kam durch ein Sprengstoffattentat der Untergrundorganisation *Narodnaja Wolja* (Volkswille) ums Leben. S. 50, 54

Bacherin: volkstümlicher Name der Lisl Wagner-Bacher (* 1953). Eine der führenden Köchinnen Österreichs. S. 98

Barthes, Roland (1915–1980): französischer Literaturkritiker, Schriftsteller und Philosoph. Erweiterte den Begriff des Mythos, indem er zahlreiche Alltagsbeispiele in Form von kurzen Essays analysierte und sie von semiotischen Prozessen ableitete. S. 76

Berry, Charles Walter (1873–1941): britischer Weinhändler (Berry Bros. & Rudd). S. 49

Breuer, Bernhard (1946–2004): deutscher Winzer aus Rüdesheim. Gehörte in den 1980er Jahren zu den jungen Rebellen der deutschen Weinszene. War einer der Vorreiter der Klassifizierung in Deutschland und ist auch in Südafrika und Portugal als Winzer erfolgreich. S. 35

Broadbent, Michael (* 1927): britischer Weinhändler, Auktionator (Christie's) und Weinautor. Gilt als Vater der modernen Degustations-Literatur. S. 51, 68, 81, 156

Bruno, Giordano, eigentlich Filippo Bruno (1548–1600): italienischer Dichter und Philosoph. Wurde als Ketzer verurteilt und auf dem Campo de' Fiori in Rom auf dem Scheiterhaufen verbrannt. Bruno postulierte als Erster die Unendlichkeit des Raums und die ewige Dauer des Universums. Damit stellte er sich gegen die herrschende Meinung einer in Sphären untergliederten geozentrischen Welt. S. 103

Cage, John (1912–1992): US-amerikanischer Komponist, Künstler und Theoretiker. Eine der Schlüsselfiguren der Musik des 20. Jahrhunderts. S. 119, 120

Campo, Cristina: Pseudonym der Schriftstellerin Vittoria Guerrini (1923–1977). S. 43, 44, 45, 48

Ceronetti, Guido (* 1927): italienischer Journalist, Autor, Philosoph, Dramaturg und Marionettenspieler. S. 43, 44

Coppola, Francis Ford (* 1939): amerikanischer Regisseur und Filmproduzent. Kaufte 1978 das traditionsreiche Weingut Niebaum im Napa-Valley und produziert dort mit dem „Rubicon" einen der besten kalifornischen Rotweine. S. 31

Corday d'Armont, Charlotte (1768–1793): Urenkelin des Dramatikers Pierre Corneille. Erlangte während der französischen Revolution Berühmtheit durch den Mord an Jean-Paul Marat. S. 44

Danflou, Alfred: Sein 1867 erschienenes Buch „Les Grands crus bordelais" ist nicht nur eine der wichtigsten Informationsquellen über die klassifizierten Gewächse aus dieser Zeit, es enthält auch die ältesten Fotografien von Gebäuden und Weinbergen in Bordeaux. S. 48

Desmoulins, Camille Benoît (1760–1794): französischer Rechtsanwalt, Journalist und einer der Führer der Französischen Revolution. Mitbegründer des *Club des Cordeliers* und Gegner der Girondisten. Starb zusammen mit Danton auf dem Schafott. S. 44

Dill, Otto (1884–1957): deutscher Maler des Impressionismus. Gilt neben Max Slevogt als der bedeutendste Vertreter der Münchner Schule in der Pfalz. S. 90

Dionysos: Ein Sohn des Zeus. Von den Griechen als Gott des Weins, der Fruchtbarkeit und Ekstase verehrt. Über seine Abstammung berichten unterschiedliche Mythen und er erscheint den Menschen in verschiedener Gestalt. S. 12, 103, 167

Ekberg, Anita (* 1931): schwedische Schauspielerin. Galt in den 50er Jahren als Sexsymbol, insbesondere durch ihr Bad im Fontana di Trevi in dem Film „La dolce vita". S. 82

Falstaff, Sir John: Literarische Figur aus den Werken von William Shakespeare (Heinrich IV., Die lustigen Weiber von Windsor), ein trink- und raufsüchtiger Soldat, der zum Inbegriff eines maßlosen Genießers wurde. S. 42

Feynman, Richard Phillips (1918–1988): US-amerikanischer Physiker, Nobelpreisträger 1965. Legte die Grundlage für die Nanotechnologie. Wandte sich mit seinem Buch „Die seltsame Theorie des Lichts und der Materie" an ein breites Publikum. Seine charismatische Art und seine Fähigkeit, sich seinem jeweiligen Auditorium anzupassen, ließen seine Vorlesungen und Vorträge legendär werden. S. 70, 172, 176

Fibonacci, Leonardo (ca. 1180–1250): italienischer Mathematiker am Hofe des Staufer-Kaisers Friedrich II. S. 143

Földényi, Lászlo F. (* 1952): ungarischer Essayist, Kunsttheoretiker, Literaturkritiker und Übersetzer. S. 59

Friedrich II. (1194–1250): Sohn Kaiser Heinrichs VI. Wurde als Zweijähriger zum römisch-deutschen König gewählt. Seine Mutter Konstanze verzichtete aber für ihn und ließ ihn nur zum König von Sizilien krönen. Der hoch gebildete Kaiser förderte Kunst und Wissenschaft an seinem Hof und baute sein Reich nach modern anmutenden Prinzipien zu einem zentralistischen Beamtenstaat aus. Schon seine Zeitgenossen verklärten ihn zur überirdischen Lichtgestalt (*stupor mundi* –

das Staunen der Welt); er wurde als der „erste moderne Mensch auf dem Thron“ (Jacob Burckhardt) bezeichnet. S. 25

Friedrich III. (1831–1888): Sohn von Kaiser Wilhelm I. Als Friedrich 1888 deutscher Kaiser und König von Preußen wurde, war er bereits schwer an Kehlkopfkrebs erkrankt; seine Regentschaft währte nur drei Monate (Kaiser der „99 Tage“) und machte mit der Thronbesteigung seines Sohnes Wilhelm II. (1859–1941) das Jahr 1888 zum Dreikaiserjahr. S. 54

Gabriel, René (* 1957): Schweizer Weinhändler und Weinautor. Herausgeber des Blattes „Weinwisser“. War von 1990 bis 2005 Chef-Einkäufer der Mövenpick-Weinhandelsgruppe. Seitdem selbstständiger Händler. S. 73, 80

Giacosa, Bruno (* 1929): italienischer Winzer aus Neive (Piemont). Gilt als einer der besten Barolo- und Barbaresco-Produzenten und als „Meister der alten Schule“ im Piemonteser Weinbau. S. 82

Gödel, Kurt (1906–1978): österreichisch-amerikanischer Mathematiker. Gilt als bedeutendster Logiker des 20. Jahrhunderts. S. 119, 131

Göring, Hermann (1893–1946): Hoch dekorierter Jagdflieger des Ersten Weltkrieges. Träger des Ordens „Pour le Mérite“. Reichsmarschall und Oberbefehlshaber der deutschen Luftwaffe während des Zweiten Weltkrieges. Führender Politiker des Nationalsozialismus. Vom Nürnberger Tribunal als Kriegsverbrecher zum Tode verurteilt, entzog er sich der Hinrichtung durch Selbstmord. S. 11

Guradze, Christian von (* 1956): deutscher Exportkaufmann. Von 1990 bis 2006 Betriebsleiter des Weingutes Dr. Bürklin-Wolf in Wachenheim. S. 86, 87

Haas, Alban (1877–1968): deutscher katholischer Priester, Historiker, Heimatforscher und Prälat. Schrieb eine ausführliche Stadtchronik von Neustadt an der Weinstraße. S. 29

Haldas, Georges (* 1917): Schweizer Dichter, Romancier, Essayist, Literaturkritiker und Drehbuchautor. S. 58

Hamvas, Béla (1897–1968): ungarischer Schriftsteller, Philosoph und Kulturkritiker. S. 4, 59, 62, 77, 80, 83, 108, 146, 156, 173

Häulen, C. C.: fränkischer Chronist aus dem 18. Jahrhundert. Sein 1743 veröffentlichtes Jahrbuch über das Frankenland ist eine viel zitierte Quelle. S. 28

Heitz, Joe (1919–2000): amerikanischer Winzer. Gilt neben Robert Mondavi als der Vater des modernen Weinbaus in Kalifornien. S. 31

Hemingway, Ernest (1899–1961): US-amerikanischer Schriftsteller, Reporter und Kriegsberichterstatter, der sich aber auch als Großwildjäger und Hochseefischer einen Namen machte. S. 65

Herakles: Figur aus der griechischen Mythologie. Ein Sohn des Göttervaters Zeus. Gehört zum Helden-Kreis der sagenhaften Argonauten. S. 77

Heraklit (545–480 v. Chr.): vorsokratischer Philosoph. Lebte in Ephesos (Kleinasien). Lehrte den unablässigen Wandel der Dinge. S. 147, 173

Hofmannsthal, Hugo von (1874–1929): österreichischer Schriftsteller, Dramatiker und Lyriker. Mitbegründer der Salzburger Festspiele. Schrieb die Libretti für die bedeutendsten Opern des Kompo-nisten Richard Strauss. Gilt als einer der wichtigsten Repräsentanten des Fin de Siècle und der Wiener Moderne. S. 94, 112

Hofstadter, Douglas Richard (* 1945): Physiker, Informatiker und Kognitionswissenschaftler. Wurde bekannt durch sein Buch: „Gödel Escher Bach“, für das er 1980 den Pulitzer-Preis sowie den American Book Award erhielt. S. 119, 120, 124, 130, 148

Hölderlin, Johann Christian Friedrich (1770–1843): deutscher Lyriker. Sein Werk nimmt in der deutschen Literatur um 1800 eine selbstständige Stellung zwischen Klassik und Romantik ein. S. 15, 60

Horaz, eigentlich Quintus Horatius Flaccus (65–8 v. Chr.): neben Vergil der bedeutendste Dichter und Staatsschriftsteller des Augusteischen Zeitalters. S. 11

Humboldt, Friedrich Wilhelm Heinrich Alexander von (1769–1859): deutscher Naturforscher. Mitbegründer der Geographie als empirischer Wissenschaft. Unternahm Forschungsreisen nach Lateinamerika, in die USA und Zentralasien. Die Erkenntnisse seiner vielfältigen Feldforschungen schrieb er in den beiden Büchern „Ansichten der Natur“ und „Kosmos“ nieder. Genoss bereits zu Lebzeiten ein legendäres Ansehen als „zweiter Kolumbus“. S. 65

Jefferson, Thomas (1743–1826): amerikanischer Staatsmann, Mit-Verfasser der Unabhängigkeitserklärung und dritter Präsident der Vereinigten Staaten. S. 11, 16

Johnson, Hugh (* 1939): britischer Weinkritiker und -historiker. Generalsekretär der *Food & Wine Society* in London. Er hat überdies fundierte Kenntnisse auf dem Gebiet der Dendrologie (Baumkunde), worüber er auch diverse Bücher verfasst hat. S. 29

Joly, Nicolas (* 1945): französischer Winzer. Besitzer des Weingutes Château de la Roche-aux-Moines in Savennières (Loire). Bedeutender Pionier des biodynamischen Weinbaus und Autor des Buches „Le vin – du ciel à la terre“ (dt. „Beseelter Wein“). S. 87

Jünger, Ernst (1895–1998): deutscher Schriftsteller und Insektenforscher. Träger des Ordens „Pour le Mérite“. Sein komplexes Werk enthält eine umfassende Analyse des 20. Jahrhunderts in den unterschiedlichsten literarischen Formen – autobiographischer Roman, Tagebuch, Reisebericht, utopischer Roman, politischer und kulturphilosophischer Essay. Gilt als einer der bedeutendsten Ästheten der deutschen Sprache. S. 11, 43, 65, 66, 68, 78

Kubler, George (1912–1996): US-amerikanischer Kunsthistoriker. War Professor für prä-kolumbianische und ibero-amerikanische Kunst an der Universität von Yale. S. 162

La Fayette, Marquis de (1757–1834): französischer General und Politiker. Nahm am amerikanischen Unabhängigkeitskrieg auf Seite der Kolonisten teil. S. 15

Lange, Fabian und Cornelius: deutsches Autorenduo, das u.a. für die Magazine „Stern“ und „Die Zeit“ über Wein publiziert und mehrere Bücher verfasst hat wie „Keine Angst vor Wein“ und „Crashkurs Weinprobe“. S. 68

Leuthold I. von Kuenring (1243–1312): stammte aus dem Ministerialengeschlecht der Kuenringer und war Oberster Schenk in Österreich. Er bezeichnete den Kern seiner Besitzungen an der Donau als *Vinea Wachau Nobilis Districtus*. S. 98

Liebert, Michael (* 1961): deutscher Wein- und Sensoriktrainer. Ursprünglich als Weinhändler tätig. Dozent an der Wein- und Sommelier-Schule der IHK Koblenz. S. 74

Lollobrigida, Gina (*1927): italienische Schauspielerin, Fotografin, Bildhauerin. Als „Gina nazionale“ in den 1950er und 1960er Jahren eines der größten Filmidole ihrer Zeit. S. 82

Loren, Sophia (* 1934): italienische Schauspielerin. Gilt als die letzte große Diva des italienischen Films. S. 82

Lur Saluces, Cômte Alexandre de (* 1934): von 1969 bis 2004 letzter Generaldirektor des Familienclans auf Château d´Yquem. Verkaufte das Gut 1996 an den Luxusgüter-Konzern LVMH (Louis Vuitton Moët Hennessy), verblieb zunächst im Angestelltenrang eines Directeur General, wurde aber 2004 pensioniert. S. 15, 19

Lur Saluces, Cômte Amadée de: französischer Oberst der Penthièvre-Dragoner. Kam durch Heirat 1785 in den Besitz von Château d’Yquem. S. 15

Mangano, Silvana (1930–1989): italienische Schauspielerin. Ihr bedeutendster Film war „Riso amaro“ (dt. Bitterer Reis), ein Film des italienischen Neorealismus aus dem Jahr 1949, der das harte Leben der Reisbauern in Piemont schilderte. Ein Szenenfoto, das Mangano in einer aufreizenden Pose als Reisarbeiterin zeigte, wurde seinerzeit als skandalös empfunden, avancierte aber zu einer der erotischen Ikonen der 50er Jahre. S. 82

Marat, Jean-Paul (1743–1793): Arzt, Verleger und Journalist. Gilt als einer der radikalsten Führer der Französischen Revolution. Er war ein Befürworter politischer Gewalt und Drahtzieher der Septembermorde 1792 gegen Unabhängige und Royalisten. S. 44

Wurde erst nach Jahrhunderten von Herakles erlöst. Der Mythos vom letztlich unbezwingbaren Trotz des schöpferischen Genies gegen die Götter wurde zu einem der wichtigsten sinnstiftenden Mythen der europäischen Geistesgeschichte. S. 103

Raddatz, Fritz Joachim (* 1931): deutscher Autor und Feuilletonist, Essayist und Biograph. Leitete von 1976 bis 1985 die Feuilletonredaktion der Wochenzeitung „Die Zeit". S. 102

Ramses II., genannt der Große (1298–1213 v. Chr.): dritter Pharao der 19. Dynastie des Neuen Reiches in Ägypten. S. 11

Richard I., genannt Löwenherz, (1157–1199): Der dritte Sohn König Heinrichs II. und Eleonores von Aquitanien war von 1189 bis 1199 König von England. Gehörte zu den Anführern des dritten Kreuzzuges. Um sein abenteuerliches Leben und seine Gefangenschaft ranken sich zahlreiche Legenden. S. 98

Rodenstock, Hardy (* 1941): deutscher Weinsammler und einer der besten Kenner von Bordeaux-Weinen der Pre-Phyloxera-Zeit. S. 12, 13, 18, 26, 49, 52, 57

Rolland, Michel (* 1947): französischer Winzer, Önologe und Consultant. Beriet in seiner Glanzzeit in den 1990er Jahren mehr als 100 Weingüter in 13 Ländern. Besitzt selbst mehrere Weingüter in Bordeaux und ist an Unternehmen in Südafrika, Argentinien und Spanien beteiligt. Er wurde mehrfach Zielscheibe propagandistischer Angriffe von Globalisierungsgegnern wie in dem Film „Mondovino" von Jonathan Nossiter. S. 139, 172

Rothschild, Baron James de (1792–1868): jüngster der fünf Rothschild-Brüder der zweiten Generation nach Familiengründer Mayer Amschel Rothschild. Begründer des französischen Zweiges der Familie. Gründete 1812 ein Bankhaus in Paris und erwarb 1868 Château Lafite. S. 50, 53, 54

Rothschild, Baronesse Philippine de (* 1935): Die Tochter von Philippe de Rothschild ist seit 1989 Eigentümerin des Weingutes Château Mouton-Rothschild sowie Mehrheits-Aktionärin und Aufsichtsrats-Vorsitzende der Baron Philippe de Rothschild S.A. S. 114

Stoitzner, Siegfried (1892–1976): österreichischer Maler. Wurde vor allem bekannt durch seine Wachauer Landschaftsimpressionen. S. 99

Strauss, Richard (1864–1949): deutscher Komponist der Spätromantik. Wurde vor allem mit seinen Tondichtungen (Also sprach Zarathustra, Alpensymphonie, Tod und Verklärung), Opern und seinen späten Orchester-Liedern weltberühmt und zählt zu den meistaufgeführten Komponisten des 20. Jahrhunderts. In der Zusammenarbeit mit Hugo von Hofmannsthal entstanden u. a. die Opern Elektra, Der Rosenkavalier, Ariadne auf Naxos. S. 94

Suckling, James: US-amerikanischer Weinkritiker. Europakorrespondent und Kolumnist des Wine Spectators. S. 73

Talleyrand-Périgord, Charles-Maurice de (1754–1838): französischer Staatsmann und Diplomat. S. 15

Tieck, Johann Ludwig (1773–1853): deutscher Schriftsteller und Dichter der Romantik. Bedeutender Shakespeare-Übersetzer. S. 72

Veronelli, Luigi (*1926): italienischer Verleger, Restaurantkritiker und Weinexperte. S. 44

Vitruv: römischer Architekt, Ingenieur und Schriftsteller des 1. Jahrhunderts v. Chr. Die „Zehn Bücher über Architektur" sind das einzige erhaltene antike Werk über Architektur und nach Vitruvs eigenen Angaben auch das erste lateinische Werk überhaupt, das eine umfassende Darstellung der Architektur zum Ziel hat. Es wird bis heute von Architekturstudenten gelesen und enthält einen kurzen Passus über Weinbau, in dem der Begriff „conditio vinorum" vorkommt, den die frühen französischen Agrarschriftsteller mit „terroir" übersetzten. S. 130, 132

Wiener, Oswald (* 1935): österreichischer Schriftsteller, Sprachtheoretiker und Kybernetiker. S. 71

Wilhelm I. (1797–1888): seit 1861 König von Preußen und ab 1871 deutscher Kaiser. S. 54

Weinlesen – Eine kleine dionysische Handbibliothek

Althaus, Hans Peter: Kleines Wörterbuch der Weinsprache. München 2006.

Barthes, Roland: Mythen des Alltags. Frankfurt am Main 1964.

Broadbent, Michael: Michael Broadbent's Vintage Wine. London 2003.

Bruno, Giordano: Von den heroischen Leidenschaften (De gl'heroici furori). Hamburg 1989.
–, De umbris idearum (Die Schatten der Ideen). Florenz 1991.
–, Der Kerzenzieher (Candelaio). Hamburg 2006.

Campo, Cristina: Die Unverzeihlichen. München 1996.

Christoffel, Karl: Kulturgeschichte des Weines. Trier 1981.

Detienne, Marcel: Dionysos. Göttliche Wildheit. München 1995.

Flitsch, Wilhelm: Wein. Verstehen und genießen. 2., korr. u. erw. Aufl. Berlin 1999.

Das Gilgamesch-Epos. Neu übersetzt und kommentiert von Stefan M. Maul. München 2005.

Hamvas, Béla: Die Philosophie des Weins. Berlin 1994.
–, Bäume. Szentendre 2002.
–, Silentium. Berlin 2004.
–, Die Essays „Orpheus", „Das Lebenswerk" und „Die Melancholie der Spätwerke". In: Kierkegaard in Sizilien. Berlin 2006.

Hegel, G.W.F.: Phänomenologie des Geistes. Hamburg 1988.

Heidegger, Martin: Hölderlins Hymne „Wie wenn am Feiertag ...". Halle 1941.

Hölderlin, Friedrich: Hymnische Gedichte. In: Gedichte. Frankfurt am Main 1999.

Hofstadter, Douglas R.: Gödel Escher Bach. Ein endloses geflochtenes Band. Stuttgart 1979.

Jünger, Ernst: Dalmatinischer Aufenthalt. In: Sämtliche Werke, Bd. 6. Stuttgart 1998.
–, Das abenteuerliche Herz. In: Sämtliche Werke, Bd. 9. Stuttgart 1999.

Löwenstein, Reinhard: Vom Klang des Schiefers. Winningen 2000.
–, Von Oechsle zum Terroir. Frankfurt am Main 2003.

Logue, A. W.: Die Psychologie des Essens und Trinkens. Heidelberg u. a. 1995.

Onfray, Michel: Philosophie der Ekstase. Frankfurt am Main 1993.
–, Die genießerische Vernunft. Zürich 1996.
–, Die Formen der Zeit. Theorie des Sauternes. Berlin 1999.

Orpheus. Altgriechische Mysterien. Aus dem Urtext übertragen und erläutert von J. O. Plassmann. Jena 1928.

Ovid: Ars amatoria/Liebeskunst. Ditzingen 1992.
–, Metamorphosen. Ditzingen 1994.

Pinkert, Stephan: Weinmilieus – Kleine Soziologie des Weintrinkens. Münster u.a. 2004.

Scheuermann, Mario: Die großen Weine des Jahrhunderts. Niedernhausen/Taunus 1999.

Serres, Michel: Die fünf Sinne. Eine Philosophie der Gemenge und Gemische. Frankfurt am Main 1998.

Tieck, Ludwig: Die Gemälde. In: Eine Auswahl aus seinen Werken. Bonn 1979.

Vitruv: Zehn Bücher über die Architektur/De Architectura Libri Decem. Darmstadt 1996.

Weinberger, Eliot: Kaskaden. Essays. Frankfurt am Main 2003.

Wiener, Oswald: Bouvard und Pécuchet im Reich der Sinne. Eine Tischrede. Bern und Berlin 1998.

Wolfskehl, Karl und C. S. Gutkind: Das Buch vom Wein. München 1927.

Drucknachweise

Weinselige Zeitreise

Drei Jahrhunderte auf dem Planeten Yquem

Erstveröffentlichung in der Wochenzeitung „Die Zeit", Nr. 43, 15. Oktober 1998. Ergänzt um einige Passsagen, die in der Erstpublikation aus Platzgründen gekürzt werden mussten.

Was werden wir trinken?

Spekulationen über die Weine der Zukunft

Erstveröffentlichung in der Wochenzeitung „Die Zeit", Nr. 39, 23. September 1999. Bearbeitete und erweiterte Fassung aus dem Jahr 2007.

Zeit und Geduld

Ein Plädoyer für das Aristokratische im Wein

Erstveröffentlichung in der deutschen Ausgabe der internationalen Kulturzeitschrift „lettre international", Nr. I/2004. Bearbeitete und erweiterte Fassung aus dem Jahr 2007.

Masken und Maßstäbe

Von der Art, Wein zu beschreiben

Dieser Text ist zuerst in leicht gekürzter Form in dem Münchner Weinmagazin „divino", Herbst 2005 erschienen. Bearbeitete und erweiterte Fassung aus dem Jahr 2007.

Ein Wein nach alter Art

Eine Meditation über den Heimatbegriff im Wein

Dieser Text ist in leicht gekürzter Form 2005 in der Zeitschrift „Alles über Wein", Ausgabe 2, April/Mai 2005 erschienen.

Versprechen und Wirklichkeit

Eine Meditation über Zeit und Vergänglichkeit des Weins

Dieser Text ist in leicht gekürzter Form 2005 in der Zeitschrift „Alles über Wein", Ausgabe 3, Juni/Juli 2005 erschienen.

Seinsmale

Eine Meditation über den schöpferischen Geist im Wein

Bisher nicht publiziertes Original-Manuskript. Dieser Text sollte die Serie der Weinmeditationen in der Zeitschrift „Alles über Wein" beschließen, konnte aber wegen des Verkaufs der Zeitschrift nicht mehr erscheinen.

Eine Stringtheorie des Weins

Überlegungen zwischen Getränketechnik und Metaphysik

Dieser Text basiert auf dem Manuskript einer Rede, die zur Eröffnung der Mainzer Weinbörse 2006 gehalten wurde. Erstveröffentlichung in der Online-Ausgabe der Wochenzeitung „Die Zeit" am 26. Juli 2007.

c p v statt C O S

Für eine andere Mathematik des Weins

Bisher nicht publiziertes Original-Manuskript.